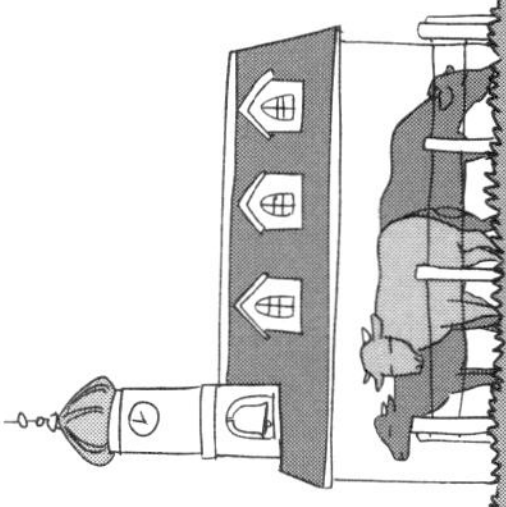

ほのぼの ドイツぐらし。

Daheim ist wo's heimelig ist.

〜国際結婚3年め、南ドイツの田舎町で新生活はじめました〜

白乃 雪

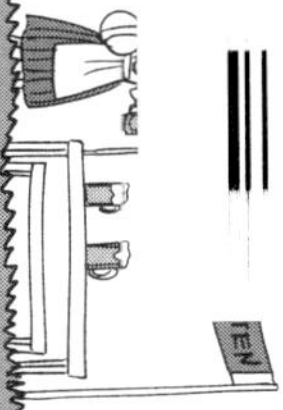

まえがき

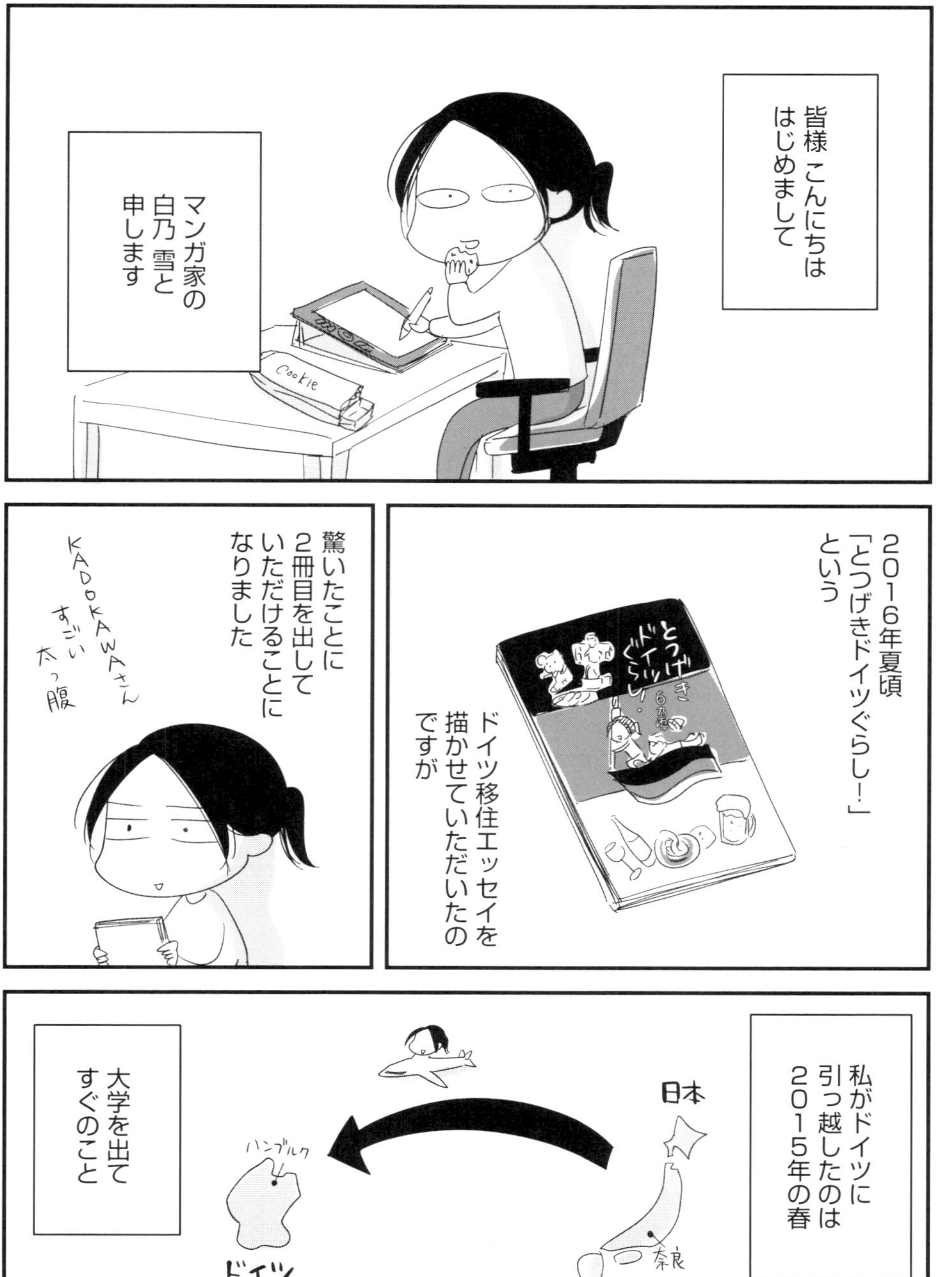
皆様 こんにちは はじめまして
マンガ家の 白乃 雪と 申します
Cookie
2016年夏頃「とつげきドイツぐらし！」という
とつげきドイツぐらし！
ドイツ移住エッセイを描かせていただいたのですが
驚いたことに 2冊目を出していただけることになりました
KADOKAWAさん すごい 太っ腹
私がドイツに引っ越したのは 2015年の春
日本
奈良
ハンブルク
ドイツ
大学を出て すぐのこと

理由は国際結婚
日本の大学で出会ったドイツ人の夫
役所でのプチ結婚式
当時私 22才　夫 27才
結婚当時はドイツ語も全くできなかったのですが
グーテンターク（こんにちは）ダンケシェーン（ありがとう）
ドイチュランド（ドイツ）
ドイツ語入門
3語…覚えたよね…
ほぼ23時間寝てた人
前途は多難です
※英語で話していました
大学の長期休みを使って何か月かドイツにも行ってみた結果
ドイツの色んな街を廻った
住めるな
——と軽々しく思ったのでした
今思えばあれを若気の至りというのかも……
いや全く後悔はないのですが
移り住んだのは北ドイツのハンブルク
河川港の街

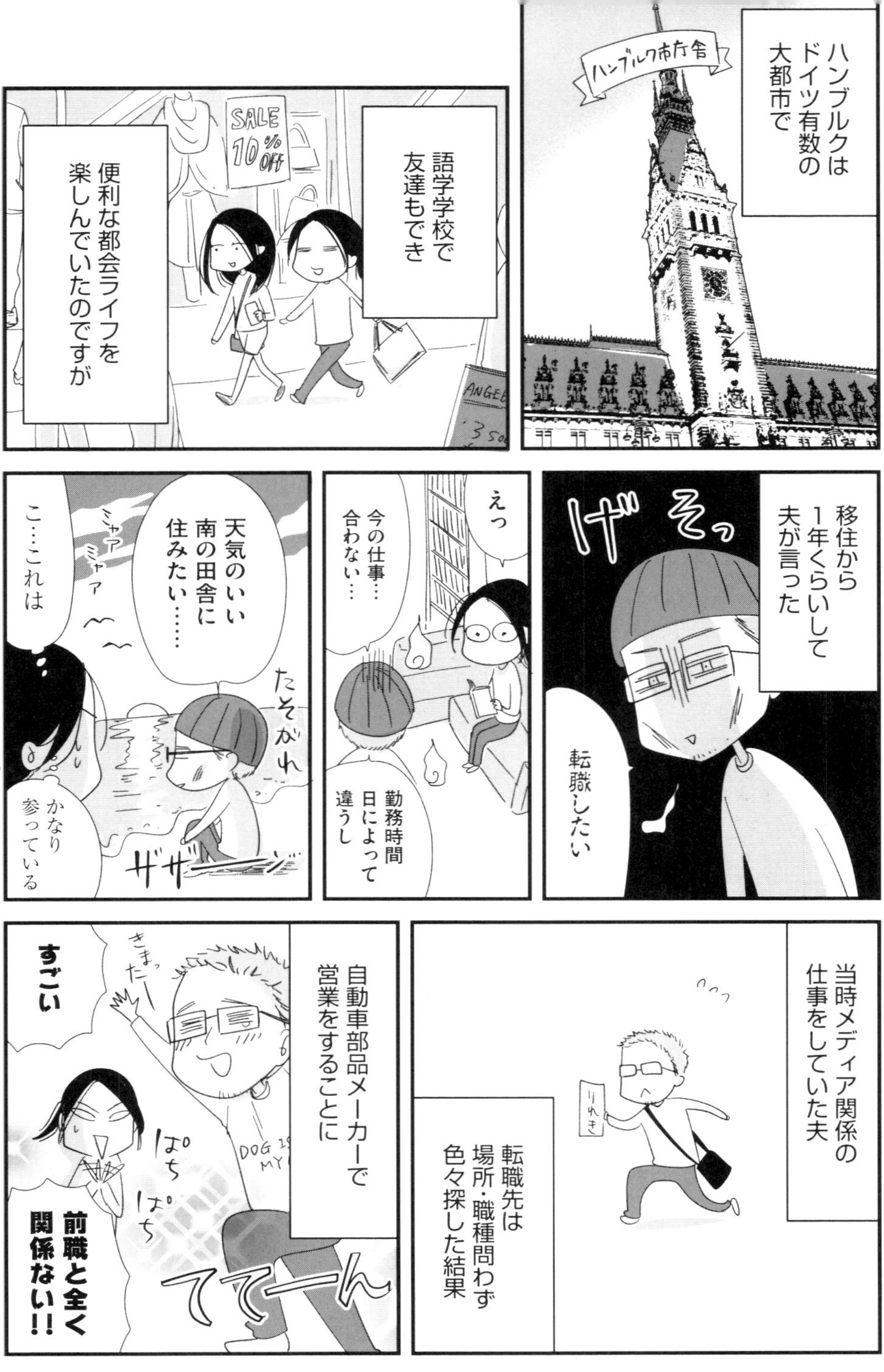
ハンブルク市庁舎
ハンブルクは
ドイツ有数の
大都市で
語学学校で
友達もでき
SALE 10% OFF
便利な都会ライフを
楽しんでいたのですが
移住から
1年くらいして
夫が言った
げそっ
転職したい
えっ
今の仕事…
合わない…
勤務時間
日によって
違うし
天気のいい
南の田舎に
住みたい……
ミャア ミャア
たそがれ
ザザーン
こ…これは
かなり
参っている
そしてここはどこ
当時メディア関係の
仕事をしていた夫
りれき
転職先は
場所・職種問わず
色々探した結果
自動車部品メーカーで
営業をすることに
きまったー
すごい
ぱち ぱち ぱち
ててーーん
前職と全く
関係ない!!

で 職場は どの辺なの？
色んな土地の会社受けてたからどこがどこだか
えっとね バイエルン
え？
？
バ・イ・エ・ル・ン
よくわかるドイツ地図
今いるハンブルク ここ
雨多し
バイエルン州 ここ
(ミュンヘン)
晴れ多し
ドイツ縦断の旅
オクトーバーフェスト
バイエルンのイメージ
そんなに大事か 天気
まあ 私はマンガが描ければどこでもいいや
バイエルンね ホイホイ
ひっこし
ありがとう あの
人生の諸々へのこだわりとかは…
いや俺は助かるけれども
ない

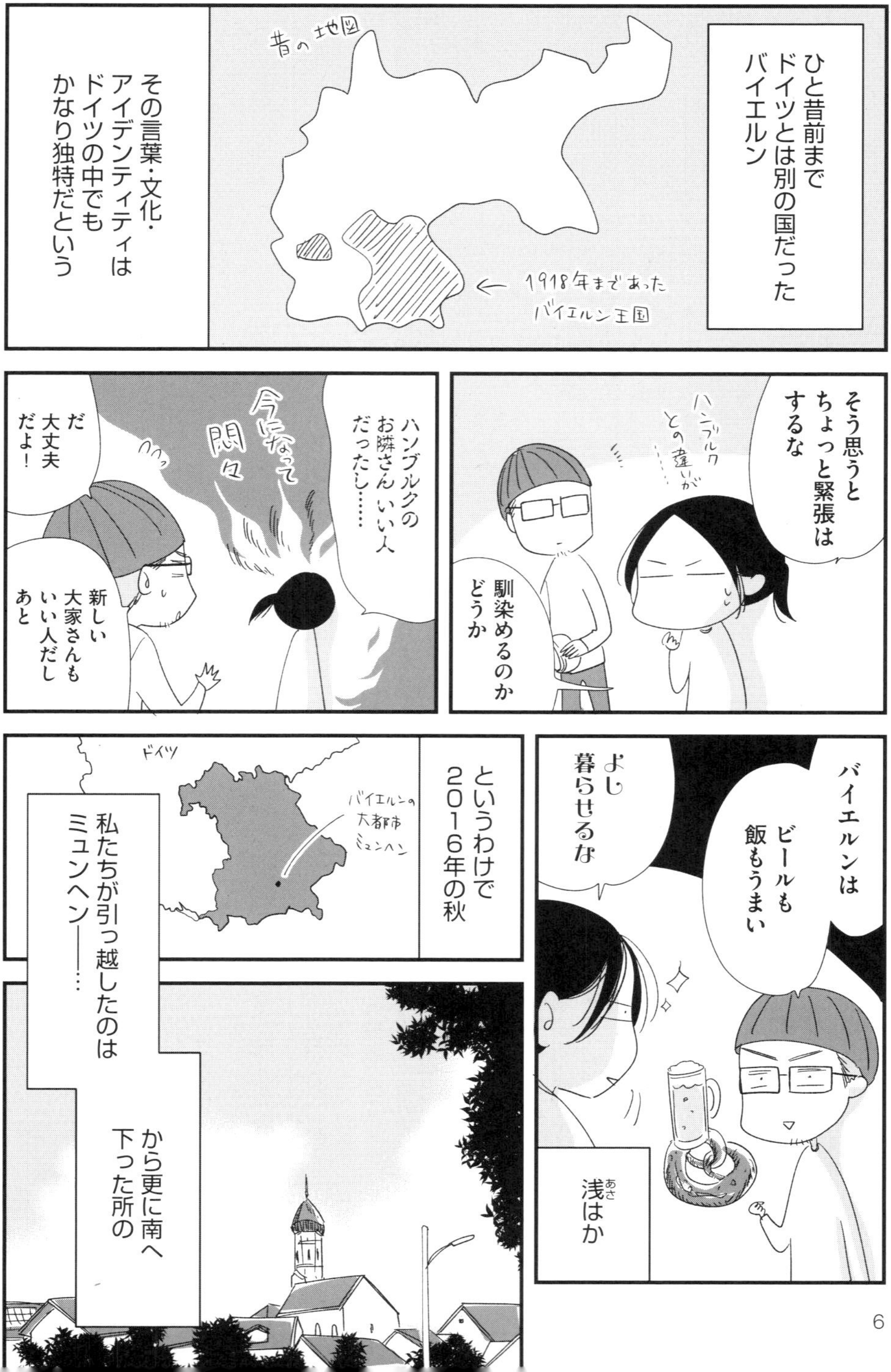
ひと昔前まで
ドイツとは別の国だった
バイエルン
昔の地図
← 1918年まであった バイエルン王国
その言葉・文化・
アイデンティティは
ドイツの中でも
かなり独特だという
そう思うと
ちょっと緊張は
するな
ハンブルクとの違いが……
馴染めるのか
どうか
ハンブルクの
お隣さんいい人
だったし……
今になって
悶々
新しい
大家さんも
いい人だし
あと
だ
大丈夫
だよ！
バイエルンは
ビールも
飯もうまい
よし
暮らせるな
浅《あさ》はか
というわけで
2016年の秋
ドイツ
バイエルンの大都市ミュンヘン
私たちが引っ越したのは
ミュンヘン——……
から更に南へ
下った所の

誰も知らないような
田舎町
サワ…
サワ
サワ
モォー…
すごい…
アルプスがよく
見えるよ…
緑が濃い…
スーパーとか
全然ないね
ていうか
家の隣が
牛舎……
モー…
どうなる
新生活

隣の牛舎

今の家に決める時
夫と予定が合わず
二人別々に見に行った
不動産やさん
牛舎の隣ははじめてなんですが…
モォ〜
意外とにおいはしないんですね
動物なので外だとにおうことはありますが
ハハハ
家の中は安全ですよ
注・この時たまたまにおわなかった。すごい時はすごい
あと牛って結構うるさいものなんですかね…？
いや普段は特に…
あ
たまにその出産とかあるとうるさいかも…
大丈夫ですか？
しゅ
出産ならしかたないですね…！
？？
想像できず

真夏の夜の牛

それはそうとある暑い夏の日のこと
カッ
てかバイエルン日射し
寝苦しいので窓を開けて寝ることに
ガチャッ
そよ〜
夜風気持ちいいね
ここは網戸がついていいな〜
夫
外は涼しい…
※ふつうはあまりついてない
この辺静かだし窓開けてても快適に寝られるのは嬉し……
フー
よっこらせっと
リー…
…モォー…
ンモォーー…
待って
牛が出産をはじめた
ウチ
ブモォー…
ンモォー
ムオー
牛舎
窓を開けても閉めても寝られなかったという
一晩中続いた

もくじ

人物紹介

白《しろ》乃《の》 雪《ゆき》

マンガ家。
奈良県出身だが、
親が大阪生まれ+大阪勤務だったので
文化的にはほとんど大阪人。
ドイツ人と結婚しドイツに引っ越す。
怠け者。甘党。

夫《おっと》

白乃の夫。北ドイツに生まれた後、
ウィーン・南ドイツ（シュヴァーベン地方）・
北ドイツ（ハンブルク）などに暮らし、
色んなドイツ語方言を話す。
日本に関心を持ったきっかけは
ファイナルファンタジー7。
働き者。辛党。

私の住むまち

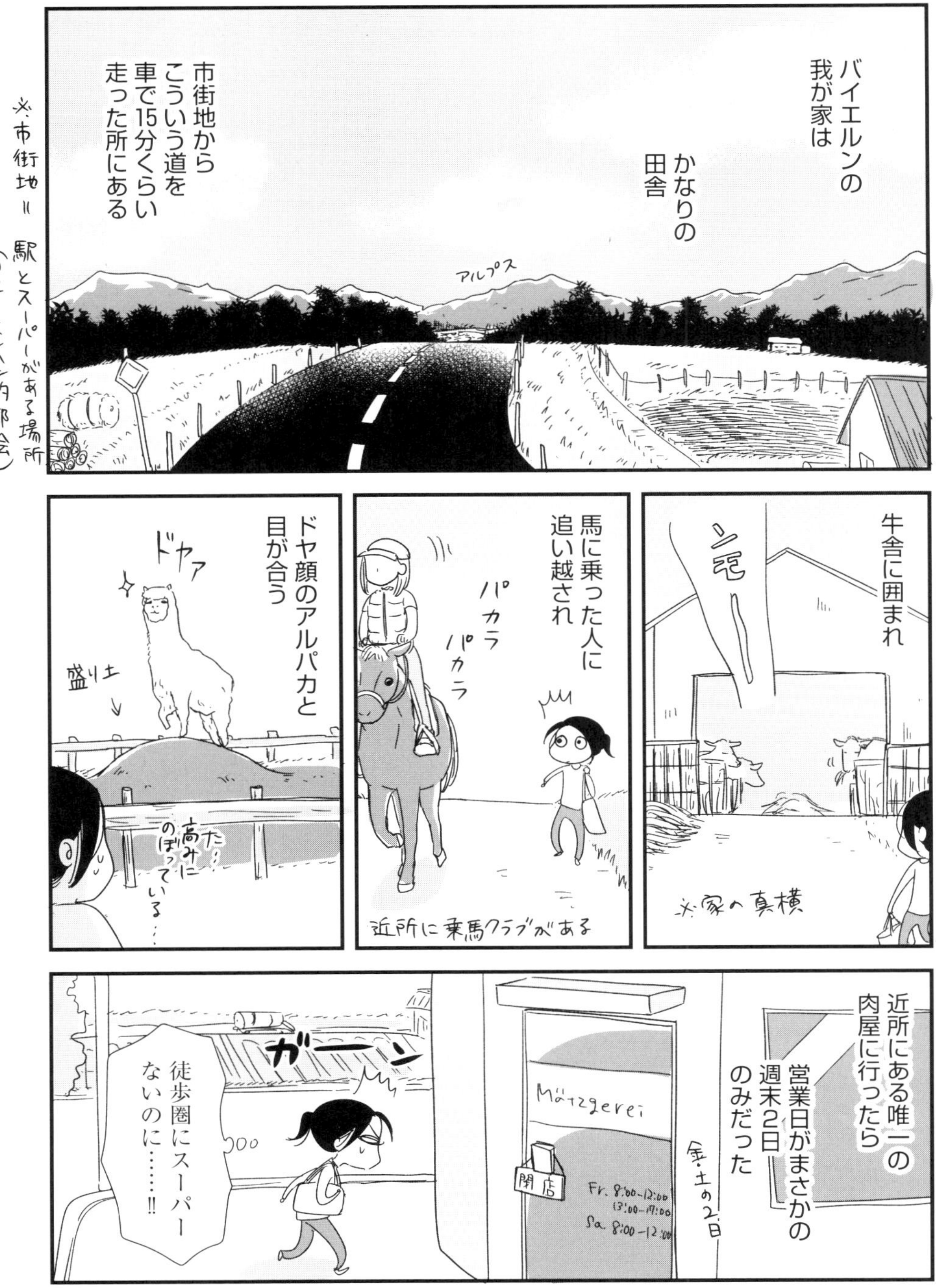

バイエルンの我が家は
かなりの田舎
アルプス
市街地からこういう道を車で15分くらい走った所にある
※市街地＝駅とスーパーがある場所（NOTミュンヘン的都会）
牛舎に囲まれ
ンモ〜
※家の真横
馬に乗った人に追い越され
パカラ パカラ
近所に乗馬クラブがある
ドヤ顔のアルパカと目が合う
ドヤア
盛り土
た…高みにのぼっている…
近所にある唯一の肉屋に行ったら
営業日がまさかの週末2日のみだった
Mätzgerei
閉店
Fr. 8:00-12:00
13:00-17:00
Sa. 8:00-12:00
金・土の2日
ガーン
徒歩圏にスーパーないのに……!!

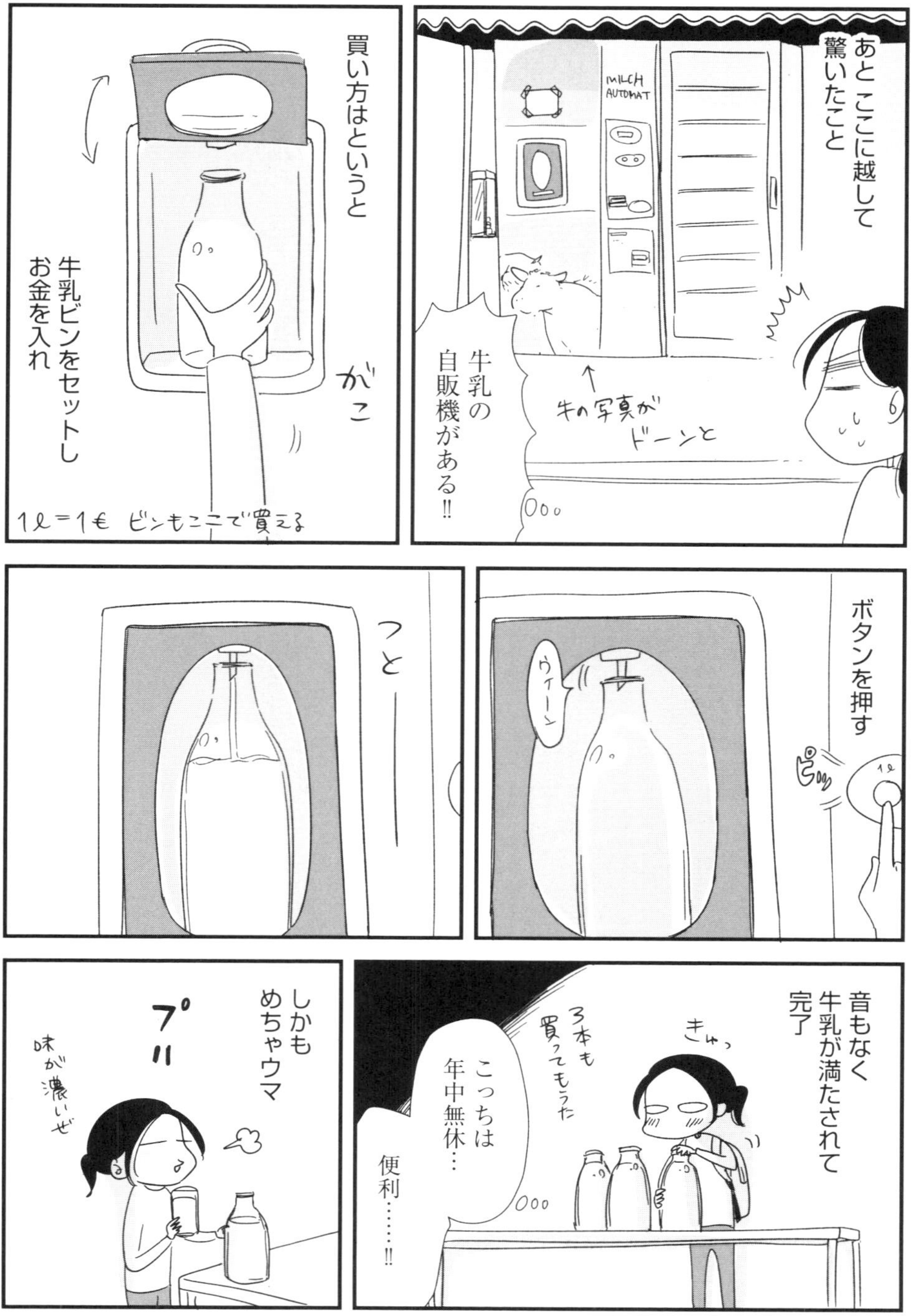
あと ここに越して驚いたこと
MILCH AUTOMAT
牛乳の自販機がある!!
牛の写真がドーンと
買い方はというと
牛乳ビンをセットしお金を入れ
がこ
1ℓ=1€ ビンもここで買える
ボタンを押す
ピッ
1ℓ
ウィーン
つと——
音もなく牛乳が満たされて完了
きゅっ
3本も買ってもろた
こっちは年中無休…
便利……!!
しかもめちゃウマ
プハ
味が濃いぜ

しかしこのあと少年はバス内でクッキーをぶちまけた…

ある日気付いたのですが
おっ！今日も仕事？
ヤー
ずっと話してる
このお客さんドイツ語ネイティブじゃない……？
あよく見たら中東系の人だ
プシュー
ハロー 駅…このバス…行く？
行くよ！
あれっこの人も非ネイティブ
（中東にルーツを持つドイツ語ネイティブも多いですが）
君たちも乗る？
ジェスチャー
Ah… No Thanks.
ダンケ
えっ…ていうか
外国人多っ!!
田舎なので外国人は少ないかと思っていたのですが
そら都市部みたいな多さではないけど……
私以外にも結構いたのね
今までなんで会わなかったんだろ〜〜
答え：私が外に出ないから
駅前のバス停
駅前に職場か何かがあるようだった
ブオ〜
おはよう
ハロー
実はわりと日本人もいるのかな？
まだ会ったことはない

仕事といえば
私はネットがあれば
どこでも働けるので
気楽だ
よいしょっと
そのおかげで
ドイツにもピャッと
来れたわけだしね
マンガが描ければ
どこでもよし
タブレット
黙々
シャッ…
シャカ シャカ
シャカ…
夫帰宅
ガチャッ
タダイマッ
ふーい
つかれた
つかれた
ユキー
帰りに買い物
してきた……
よっ!?
びくぅ
ボヤ〜…
おかえり〜
電気
つけなよ
一日ずっと
座ってたの!?
パチッ
もう
日暮れか
そういう仕事
だから……
ユキさぁ…
こっち
引っ越してから
ほとんど外
出てなくない?
寂しくないの?
友達とか
つくったら!?
心配だよ!!
と…
友達…って
地元に馴染むまでの
道のりは遠い——

ハンブルクの隣人

ハンブルクに住んでいた頃
80代のご夫婦
お隣さんととても仲良しだった
※前著にもでてきます
ピーンポーン
ごはん食べにおいで!
本当によくしてもらったので
引越し当日
おうおうえ
私号泣
むこうについたら電話してね
手紙書いた
ていうかツイッターでも読者の方から真っ先にお隣さんを惜しむ声が
あのお隣さんと離れるのつらいですね
ぶわ
残念…
皆読んでくれてうれしい…
一方わりと平気っぽかった夫
ドイツ国内ならまた会えるし!
新しい仕事が始まってしばらく経ったある日
あっお隣さんから電話だ!
元気にしてるかて?新しい家はどう?
なんとかやってるよ
二人がいないのは寂しいけど大家さんもいい人だし
通話終了後
ずーん…
二人がいなくてさみしい……
泣いてたんかい……
ホームシックならぬお隣さんシックて、

友達出来るかな

「友達をつくる」って
考えてみれば妙な言葉だ
「錬成するのか？」
みたいな冗談
一時期よくネットで見ましたね
友達って
「共通の活動や趣味ありきで出会い自然と話すようになった人」のイメージで
これ読んだ？
読んだ！よかった～
「友達をつくること」を目的に誰かに会う…となると
どうも変な感じがする
僕と契約して友達になってよ
うお 誰!?
しかし
今の私のように外出の機会が極端に少ない場合
ひとりでもできるお仕事
そうも言っていられない――
「フェアアイン」に入ってみない？
うちのフェアアイネ
夫

ふぇああ？
何？
ざっくり言えばドイツ各地にある色ーんな活動団体のことだけど
Verein《フェアアイン》…「クラブ」「協会」などとも訳される
スポーツクラブや音楽団みたいなクラブ活動系から
サッカークラブ Fußballverein
音楽クラブ Musikverein
テニスクラブ Tennisverein
女性会 Frauenverein
釣りクラブ Angel-verein
自然保護団体 Naturschutzverein
etc…
消防団みたいな地域活動を行う団体まで色々とあるんだ
うちみたいな田舎だと知り合い増やすにはどっかのフェアアインに加入するのが一番手っ取り早いと思う
「加入」…
へえ めんどくさそう
何言ってんの！このままじゃユキヘタしたら一生引きこもりだよ!!
一日中家にいて!!
えー
そんなことないよ
たまに牛乳買いに自販機に行くし
歯医者にだって行くよ！
イベントにもいくがな
イベント…年に何回？
…牛乳と歯医者ね…

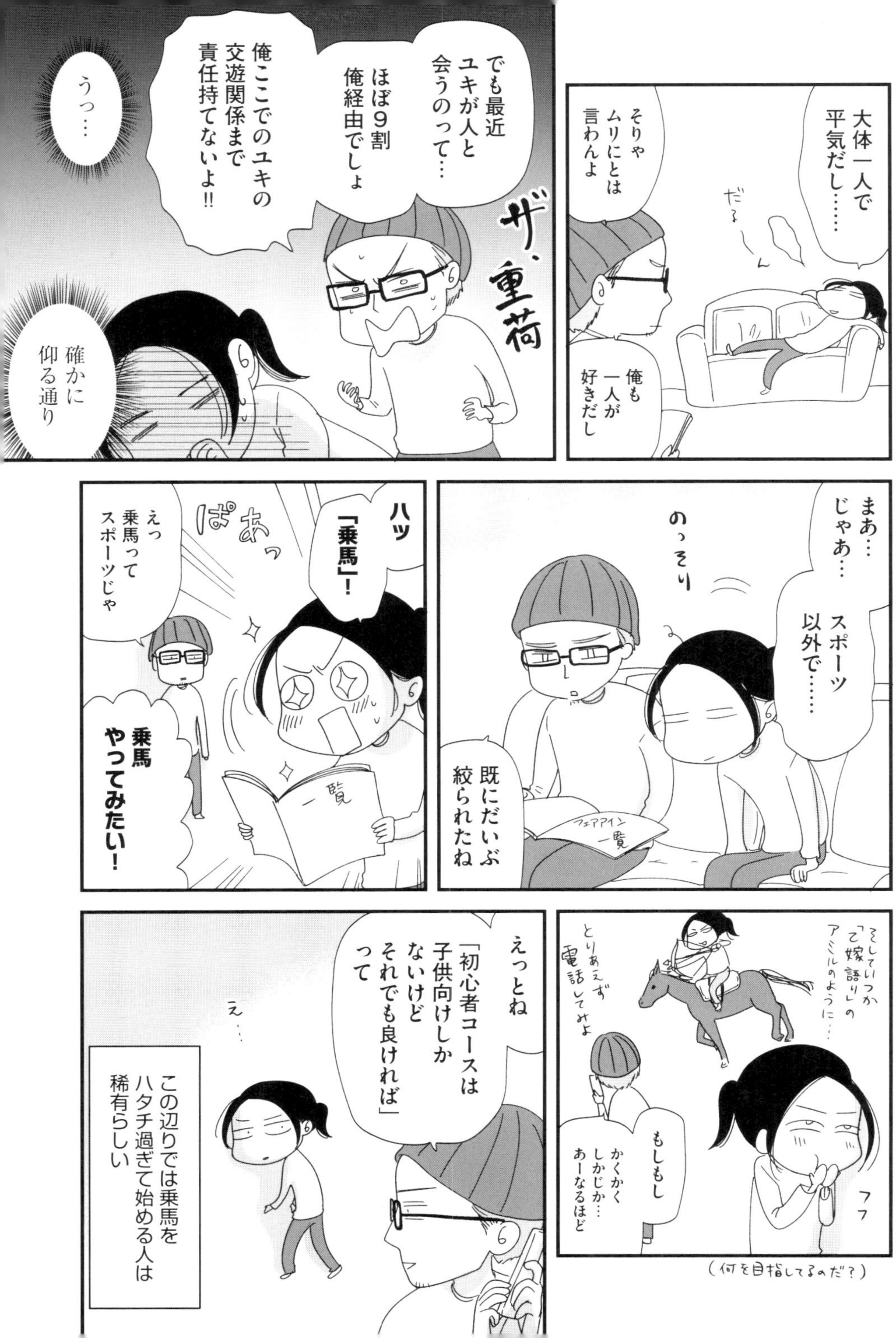
大体一人で平気だし……
だる〜ん
そりゃムリにとは言わんよ
俺も一人が好きだし
でも最近ユキが人と会うのって…ほぼ9割俺経由でしょ
俺ここでのユキの交遊関係まで責任持てないよ!!
ザ、重荷
うっ…
確かに仰る通り
まあ…じゃあ…スポーツ以外で……
のっそり
既にだいぶ絞られたね
フェアアイン一覧
ハッ
「乗馬」!
ぱあっ
えっ乗馬ってスポーツじゃ
乗馬やってみたい!
一覧
そしていつか「乙嫁語り」のアミルのように……
フフ
とりあえず電話してみよ
もしもし
かくかくしかじか…あーなるほど
（何を目指してるのだ？）
えっとね「初心者コースは子供向けしかないけどそれでも良ければ」って
え…
この辺りでは乗馬をハタチ過ぎて始める人は稀有らしい

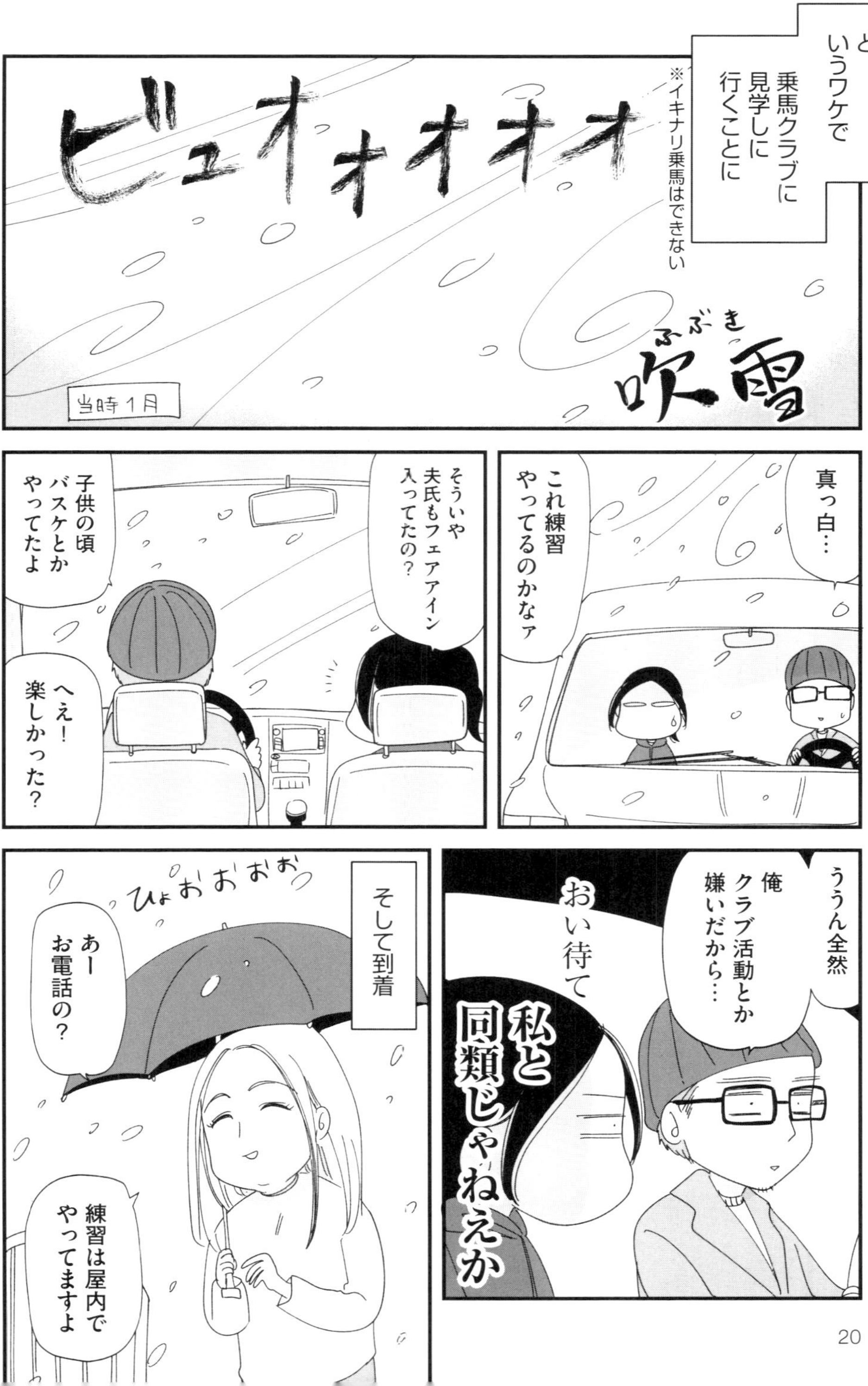
というワケで
乗馬クラブに
見学しに
行くことに
※イキナリ乗馬はできない
ビュオオオオオ
吹雪《ふぶき》
当時1月
真っ白…
これ練習
やってるのかなァ
そういや
夫氏もフェアアイン
入ってたの？
子供の頃
バスケとか
やってたよ
へぇ！
楽しかった？
ううん全然
俺
クラブ活動とか
嫌いだから…
おい待て
私と
同類じゃねえか
そして到着
ひょおおおお
あー
お電話の？
練習は屋内で
やってますよ

向こうの建物で
えっ …人います？
ええ ドアの前で「開けてー！」って叫べば誰かが開けますから
あけて
マジか
とりあえず建物の前へ
あれ
うろ うろ
ドアってあれのことかなあ…
あっ人がいる！
すみません
中を見学したいんだけど…
いいですよ
生徒さんたちだった
Tür auuuuf !
（ドア開けてー！）
ガコン
ギィイイイ〜…
ホ
ホントに叫んだら開いた……!!

中で練習してたのは
10代前半くらいの
子供たち
と 先生
ハイ
そこで座って
見てて下さい
そして
ドドッ
ドドッ
ドドッ
馬!!
ばびゅんっ
よし
いい感じだ!
……かっ
ぷる
ぷる
ぷる
かあっこ
いいいー!!

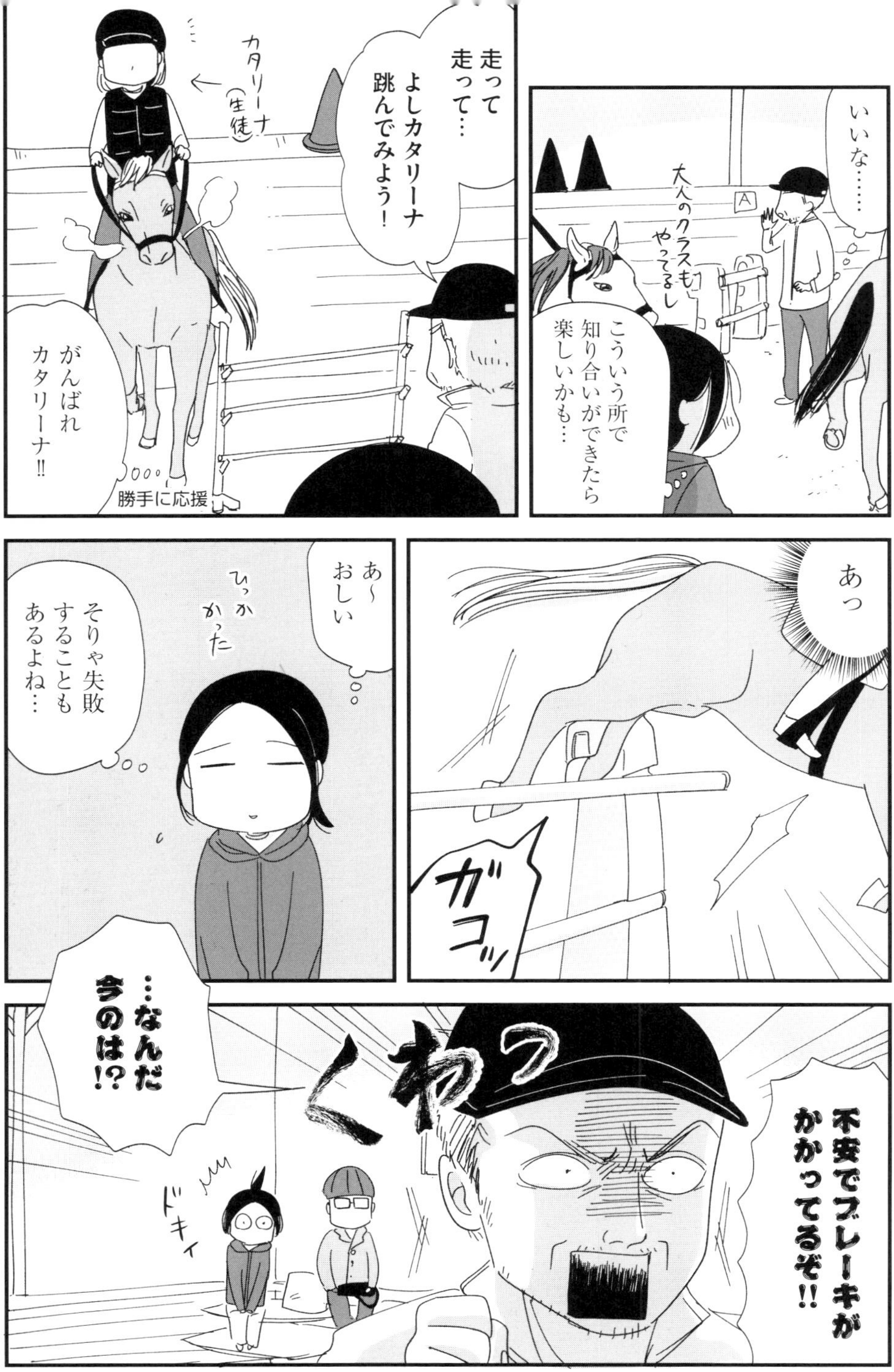
いいな……
大人のクラスもやってるし
こういう所で知り合いができたら楽しいかも…
走って走って…
よしカタリーナ跳んでみよう！
カタリーナ(生徒)
がんばれカタリーナ!!
勝手に応援
あっ
ガコッ
あ～おしい
ひっかかった
そりゃ失敗することもあるよね…
不安でブレーキがかかってるぞ!!
くわっ
…なんだ今のは!?
ドキィ

もう一度！しっかり前見て！
上半身の重心を後ろに！
ブルルッ
け…
結構ちゃんとした「練習」だ……
「地域の集まり」というと
趣味のゆるい感じを勝手に想像していたけど
そういう所ももちろんあるが
定期的に乗馬の大会に出たり
それ目指して練習したり
HPにも大会の写真がたくさん
乗馬クラブはあくまでちゃんとした「クラブ活動」なのだった
最後 集中力が切れてるよー！
ドキドキ
…このゲキをとばされる感じ
無条件に体がキュッとなるぜ…
先生いわく
残念ながらちょうど空きが埋まって
今どこのクラスも満員なんです

帰り
満員かぁ
バタン
空きが出たら参加してみたい？
そうだね〜〜
馬はカッコよかったし楽しそうだったけど
…やっぱり私クラブ活動無理かなって…
あの怒られるカンジとか皆の前で「もう一回」をやらされるカンジとか心臓に悪くて…
似たモノ夫婦
そっか…まあ自分のペースでいいよね
ハンブルクにいた頃は友達もいたし
ここでも知人の一人や二人できればいいなと思ったけど
しばらくはマンガ生活（※）堪能するわ
※マンガだけ描いてりゃいい充実した生活のこと
……
たまには日光あびなね…

そんなワケで
「フェアアインで友達をつくろう」
作戦は失敗に終わりましたが
あっ
大家さんちの子供たちが庭で遊んでる
大家さん一家は階下に住んでいる
↓
兄6才
妹2才
でも二人共人見知りなんだよなあ
ひら
私のカオ覚えてるかな…
!
ひょこっ
ハッ
ロ―――!!
ハ……
ぱあああああ
ハロ〜〜〜ッ
今日は妹ちゃんがあいさつしてくれた
一歩前進…
んふふ…
このくらいのスローペースで
がんばることにしています

方言

バイエルン地方は方言が強い
けど心配しないで
ほーん
俺は昔何年かバイエルンに住んだことあるから！
実際地元の人の会話を聞くと
ガーン
えっウソ…
一《ひと》っ言《こと》もわからん
諦めてさっさと夫に聞こ
あの人たちなんて言ってんの？
ん？
ぴくっ
え〜
……
一言も聞き取れない…
カァ
カァ
ヲイ…
心配しかない

近所の動物たち〜ウシ編〜

家の近所の道にて
何もない場所で突然渋滞が起きた
のろ…
のろ…
事故でもあったかな？
のろ…
あれ？また少しずつ動きだした…
何だったんだろ
はっ
あっ!? あれは…
ぞろ
ぞろ
ぞろ
ンモ〜!
牛の行列!!
ド
放牧地から牛舎へ戻るのに牛たちも車道を使うのでした
おとなしく順番に牛舎に帰っていく
ブロ──…
牛じゃしょうがねえな〜
余談
ちなみにトラクターの後ろも高確率で渋滞に
本日2回目のトラクター…
みんな折を見て追い越すか、トラクターが積極的に道を空けてくれる

外国人局

ハンブルクにいた頃は
役所はどこも混んでることが多かった
特に外国人局!!
てみないとらな……
いっ⁉
ずら――っ
4時間待ちです
よじ…!?
ガーーン
ぐっ⁉
思いっきり洗礼を受ける
待たされるしなるべく行きたくない…
あと職員さん怖いし
よくわからない理由で怒られるの巻
ハアーーッ
だからそれは私じゃわからないって言ってんでしょ
ドキドキ
――と思ってたのですが
こっちに越してすぐ滞在許可証の更新で外国人局へ行った時のこと
うーうー
ただでさえ引越しの諸手続きでうんざりなのに…
←他の手続きのついでについてきてくれた夫
到着
ガチャ
うう…
今日も半日つぶれるんだろうな…
がらーーん
えっ
誰も待ってない!!

少し前に
この辺も意外と外国人が多いんだな
と感じたのですが
バス
やっぱハンブルクみたいな大都市とは全然違うんだね…
じーーん…
そりゃね…
しかしこんなに人がいないとは
待たなくていい喜びをかみしめている
通路にはコワモテの警備員さんが
鼻ピ&タトゥー&ムキムキ
あ あのー
ドキ
○号室ってどこですか?
ニコッ
突き当りを左ですよ
や……優しい!!
すれ違う職員さんもニコニコ話してくれる
あの部屋わかりにくいでしょう
いやー
「外国人局の人は怖い」って幻だったのかな……?
あれえ…?
まーハンブルクはね…あの混み方じゃ職員もストレス半端ないだろうし…

部屋の前には先客が
あっ
見ました？入口の警備!!
えっ？
順番待ちしてたトルコ人のおじさん
あれね…最近導入されたんですよ
外国人局の入口にだけ！おかしいと思いません!?
ああ！俺もなんか変だなーと思ったんですよっ
なんでこんな取ってつけたようなトコに…って
そっ…
そうだったのか!!
何も気付いてなかった外国人
外国人は犯罪を起こしやすいとでも言わんばかりに……
僕なんてもう30年もドイツに住んでんですよ！
プースカ
今回はやっと国籍取りに来たんだ
まったく腹立たしいですねぇ
たたしかに
夫とトルコ人のおじさんは役所談議で盛り上がり
おじさんは部屋の中でも15分くらい怒っていた…
あの警備員はどういうイミなんですかっ
手続きより抗議の方が長い……
俺も抗議はしようと思うよ
その後私の手続きはあっさり終わる
じゃ滞在許可1年半延長しましたから
ドイツ人と結婚しても自動的に永住できるわけではないのだ…

やっぱりこの辺外国人少ないし排他的なのかな……？
ちょっと緊張
エレベーター内
うーん
移民難民についてはもう世界中のテーマだよね
ここだけの問題というか
今までここで会った人たちは大体優しかったけどな…
あっでも
でなきゃ引っ越してきてないよ！
むしろ俺はちょっとここで肩身の狭さ感じるかも
バイエルン人じゃないから……
な 何それ？
プロイセン中心に色〜んな国が集まってできた今のドイツですが
とてもアバウトなせつめい
たとえば ドイツ帝国時代のアバウトな地図
このへん大体プロイセン
バイエルンは中でも広大で強い独自性を持ち続けてきた地域でもあり
でかい
バイエルン王国 1806〜1918年
今のドイツ
バイエルン
でかい
今もそのアイデンティティは色濃く残っている
ドイツは各地方の個性も強いけど
俺的にバイエルンは「異国」って感じ
例えるなら大阪と京都を掛け合わせたみたいな……
濃…
↑以前 夫が住んだり行ったりしたトコ

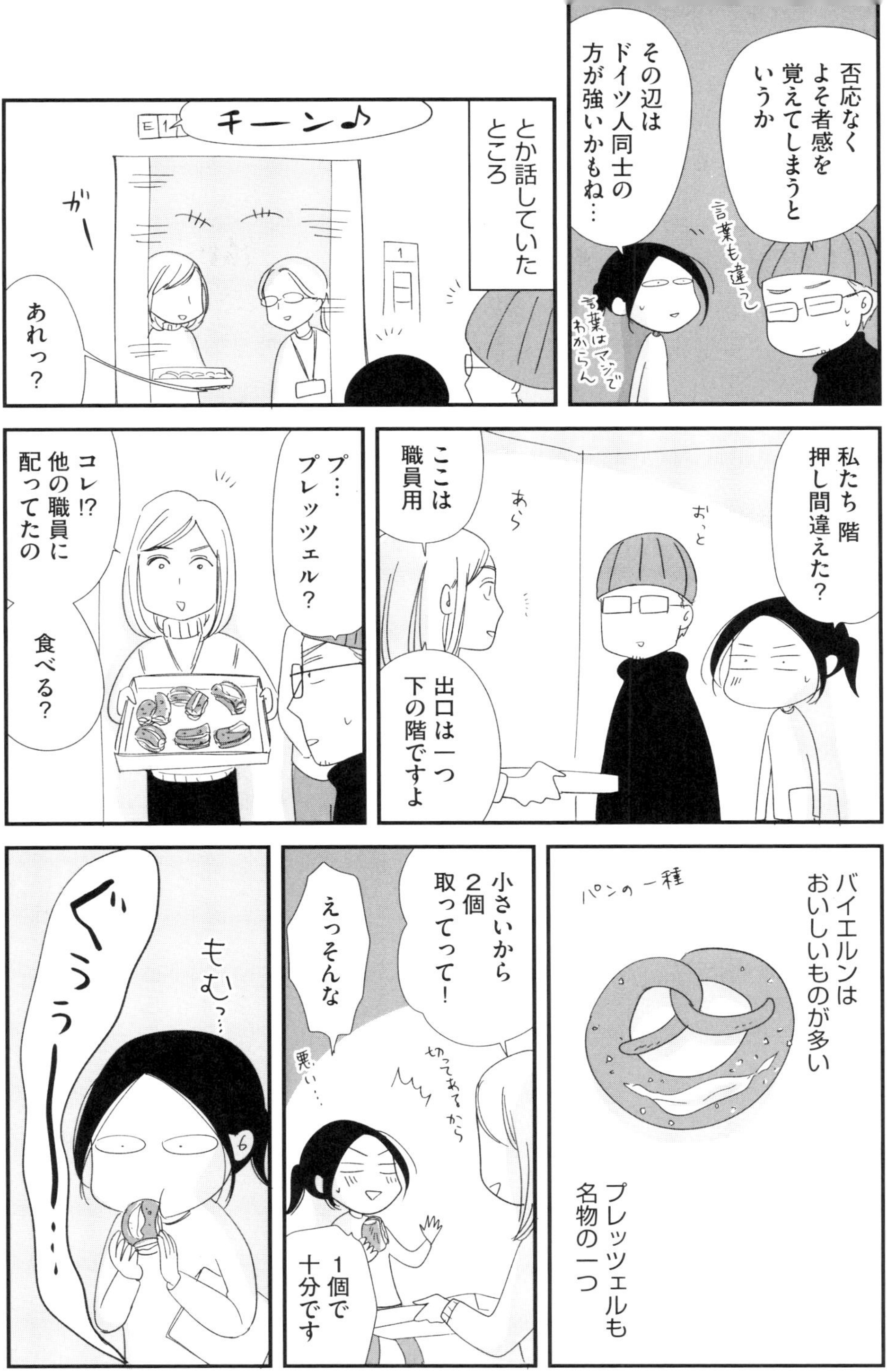
否応なく よそ者感を 覚えてしまうと いうか
言葉も違うし
その辺は ドイツ人同士の 方が強いかもね…
言葉はマジでわからん
とか話していた ところ
チーン♪
ガー
あれっ？
私たち 階 押し間違えた？
おっと
あら
ここは 職員用
出口は一つ 下の階ですよ
プ… プレッツェル？
コレ⁉ 他の職員に 配ってたの
食べる？
バイエルンは おいしいものが多い
パンの一種
プレッツェルも 名物の一つ
小さいから 2個 取ってって！
えっそんな
悪い…
切ってあるから
1個で 十分です
もむっ…
ぐうう――…

やっぱり…もう1個もらってもいいですか……
いいですよ!!
だから言ったのに
!!
ありがとうございます
ペコペコ
いえいえ
つられて日本式にお辞儀を返す職員さんたち
さよなら〜
あまり見ない光景…
役所で色んな人とにこやかに話して
プレッツェルまでもらった……
びっくり…
私たち本当に外国人局にいたのかな?
役所の対応がこうだったとして
外国人局だけ警備追加!
職員さん個人の対応もそうとは限らないし
警備
さよなら〜
むやみに心配しなくていいのかもね
うん
心配してもしょうがないだろうしね

イヤな人は
どこにでもいるし
いい人との出会いも
どこでだって
あるし
ブーーン
結局は目の前の
一人一人と
向き合っていく
しかないよねぇ
でもユキ…
そのためには
バイエルン方言
ある程度
わかるように
ならないと……
いや標準語でも
話してくれるけどね〜
バイエルン方言は
アクセントでもう
わからんのだよ
もう私は
ジェスチャーを
極めるしか……
ダメな
思考
余談ですが
この前 税務署に
行った時も
ここはさすがに
混んでるかも
ドキ ドキ
ドイツ人も
使うトコ
だし…
待ち時間
やっぱりゼロで
手続き5分で
帰れて感動したという
ただいま
田舎の役所
最強じゃない？
？
はい？
もう帰って
きたの？

アパートの穴

ハンブルクのアパートを引き払う時驚いたこと
家具どけたら
カベが穴だらけ
夫が住んでた家に後から入居したのでちゃんと見たことなかった
うわあ
敷金
ドイツでは賃貸でも家具の取り付けで壁に穴をあけるのは一般的
どっどっ
実際見ると心臓に悪い…
ネジ抜いてる
日本じゃ普通ダメだもんね
ちゅい〜ん
でも穴埋めて上から塗れば大丈夫！
パテでうめてペンキぬって〜
ほんとだ前住人の跡が…
イヤ意外と雑!!
厚
とはいえ
※ちゃんとキレイに塗りましょう
入居時に穴をあけるドキドキ感はものすごい
ドリドリドリドリ
げえええ——!!
敷金
※条件反射
棚を取りつけ中

ドイツ語勉強法

私は語学が そんなに得意じゃ なかった
参考書とにらめっこして 予習・復習・表で暗記
……は続かない……
「国語」は好きだったんだけどね……
ドイツに来て すぐの頃 通った語学 コースでは つめ込み式で なんとか やれてたものの
テストの山
というかもちろん 暗記をすっとばしては 勉強できないし…
コースを修了した あとの私は
ダラ――…
ポテチ
完っっ全に ダレていた
次のレベルの コースに通うのも 考えたけど…
ごろん
田舎《こっち》に越してから 近くに学校が ないんだよなぁ
ポテチ
前に語学コースで 短期集中で 詰め込んだ分 そーゆーのは もうやりたく ないし……
ごろん ごろん
言い訳×∞

毎回文法を正すとなると夫も大変だし

そもそも今までも
ドイツ語の政治ニュースを一本毎日精読する
とか
ドイツ語で本を一冊読む
語学アプリも使う
とか
色々試したけど
ことごとく三日坊主で終わっている——……
本途中
帰ってきたヒトラー
勉強アプリ放置
NEXT →
ニュースも流し読み
鉄のような意志の弱さ
…というわけでどうしよう
どよ〜ん
そうか……
まあユキの場合仕事も日本語が主だしね
ていうか俺も何度も日本語勉強しようとして毎回挫折してるから……
なんも言えない……
どよーん
俺も毎回ちゃんと本気なんだ
こーゆーとこばっか似るな…
ある日
夫と一緒にドイツ語字幕でアニメを見ていた時
海外向けのネットの公式アニメ配信
わはは
あっ
TV
日本語音声・ドイツ語字幕

ちょっと待って今の日本語なんて訳されてた？
ピッ
少し戻そうか？
あっこのシーン！
こういう言い回しがあんの？
うんよく使うよ
へぇ～
こっこれは…
日常会話表現が超学べる‼
うわこの表現も
あの表現も
ドイツ語でなんて言うのか知りたい
書きとめておきたい
早速好きなアニメ一話のセリフを全て書き出してみた
夢中
対訳
日本語のセリフ
ドイツ語訳
めっちゃ新しい単語覚えられる……
ふおお
これなら仕事そっちのけで集中できるぞ‼
ドイツ語ノート
好きなマンガのドイツ語版も買って読んでみる
おー
大体の内容覚えてるから
知らない単語が多くても苦にならない……‼
日本語版とも読み比べる
担
だから毎回原稿遅いんですか？
いえそういうわけでは…

ドイツ語の翻訳が出てないマンガは
翻訳されてない名作マンガ
好きな回を自分で訳して夫に見てもらう
この表現は文法的には正しいけど不自然かなー
感心
おーちょっとした違いで自然な表現に……
何これ楽しい……
おお…
アニメやマンガで日本語を学ぶ人たちの気持ちがすごくわかる気がする…!!
ところで…このマンガ面白かった？
ほぼ読み聞かせになっちゃったけど…
うん面白かったよ
ここのシーンとか……
ふふ
でしょ!?
よしつかみは完ペキだ
フフ…
次にあの回とこの回を見せて…と
目的が「勉強」から「布教」に——

こういうのって
目標があまりにも長期的で抽象的だとゴールが見えづらいし
ドイツ語上達の目標
～ドイツの家族・友人とより良いコミュニケーションを図る～
ボヤ～…
「より良い」って具体的に……何……？
合間合間に
しかもここがゴールかもわからんかったりする
GOAL?
モチベーション
あのセリフをドイツ語で
マンガ
「俗っぽい目標」が挟まってることは意外に大事なのかも
というわけで私の当面の目標
① 好きなマンガに出てくる面白い表現で夫と会話してみる
ねーきいて
？
② 好きなマンガを訳して夫に布教する
この作家さん面白いよー
どれ
くだらんけど辛くて勉強やめちゃうよりマシかなー
肩の力がぬけた
どうせ長くドイツ語と付き合うなら楽しくやろうっと
ほ～
ちなみに最近はスマホゲームで英語も勉強中(?)
英語版しかないストーリー重視のスマホゲームを色々試す図
ええ話や…
スマホ
つくづく煩悩でしか勉強できない……

パンください

夫「じゃあ言えばいいんじゃないかな…」

他にも あいさつも
地域によって 色々ある

ハンブルクの方では

英語の"Hi!"や"Hello!"みたいな感じ

バイエルンのあたりでは

などなど

言語スイッチ

私の頭の中の言語スイッチは
中国語
英語
ドイツ語
日本語
大学で習ったのみ。動かない
最近ホコリまみれ
常用
常用
主電源
OFF
OFF
ON
ON
各単語・フレーズ対応スイッチ
我
你
I
You
He
Ich
Du,Sie
Er
私
あなた
彼
消えてる
こんな感じのイメージで
久々に使う言語だとなかなかスイッチが切り替わらない
んぎぎぎぎ
英語めぇ
英語
OFF
そういう時は事前の準備がいる
すでに緊張
明日英語で打ち合わせなんで
夫
ドキドキ
今日一日英語で話したい…
いいよ
ベルギーのイベントに呼んでいただいた時
えーとアレなんて言うっけ…
アウオエ
しどろもどろ
相槌でたら…
genau…(ゲナウ)じゃなくて
exactlyとか
こうでしょ
仕事が英語中心なので慣れてる
この時の脳内イメージ
英語スイッチ
Exactly
genau ← ドイツ語
Usually, normally
normalerweise
語順入れ替え
ON
ON
ON
バチ
バチ
バチ
バチ
すげー…今脳が活性化《アクティベイト》されてる気がするよ……
ど……
ごくり
プス…
プス
プス
ァアア。。。
どちらかっつーとオーバーヒートなんじゃ……

アルプスハイキング

初夏 夫が突然言った
アルプスに山登りに行こうよ!!
アルプス?
万年運動不足
む 無理だよ……
山の中腹で酸欠になって死ねる自信があるよ
みて考えただけで息切れが
イヤそんな高い山じゃなくてさ
アルプス山脈の中でも低い所で…
この「ヘーンレ」って山キレイだよ 行ってみようよ
Hörnle
(方言で「小さい角《つの》」の意)
山っていうかフォアアルペン(前アルプス山系)にある峠
へぇー!
普通のハイキングコースみたいだね
PC
「そんな軽いコースなら」ととりあえず向かってみる
ぶいーん

——が
ザッ
ザッ
ザッ
あれ…？ なんか皆 けっこう ちゃんとした 装備じゃない？
私 浮いてる……？
ユニクロジーンズ
ぺらっぺらのスニーカー
ユキすごい 軽装だな〜とは 思ってた
そんで いいなら いいのかなって
言ってくれ!! そういうのは!!
よくないよ
大丈夫だって ほらあんな 子供も登って るんだよ？
俺も 軽装だし
うう… レベル1の ボロ装備のまま ラスボスに挑む 気分だよ……
テッテレー
テーテー テー
テッテーン♪
が 登山開始 5分後
ぐわあ ハチの巣 踏んだ!!
ぶおん
土の中に巣が
白乃&夫
HP 5
MP 0
夫ハチに わき腹を 刺される
ハチの たいぐん に おそわれた！
白乃たち は にげだした！

こんな時
玉ネギの汁があれば
痛みが引くのに…
イテテ
えっ
何ソレ
ドイツではよく「ハチ刺されには玉ネギ」と言われるそうだ
そんなにキツいハイキングコースじゃなくて助かったよ
これなら歩ける
そよ そよ
本当にね
次の分かれ道は…
——あっ
標識が倒れてる…
バァーン
しかもよりによってどっちかの道が「行き止まり」だよ!!
ネットも繋がらなくて調べられない…
…どっちに行くべき!?
いやでもさっきこっちから人が来てたから
こっちに決まってるよ
確信を持って進んだ結果
迷った
ユキ！滑らないよう俺の進んだ通りに岩を踏んで渡るんだ
ハァ
ハァ
小川を横断
ザァアアア
さっきの自信は何——!?

木とか倒れてるし
絶対道間違えてるよね!?
いちおう登山客の通った印を辿ったんだけど…
うーんそうだな…
でもこういうのも…
フフッ
わりと楽しいよね……
楽しくねぇよ
途中で会った他の登山客に道を聞く
その頂上は別方向だよ
なんか…いつの間にか目指してたのと違う頂上に向かってたみたいだね……
なにが起きたって
とりあえず一番近い頂上を目指そうか
ポジティブ
※ヘーンレには三つの頂上がある
やっっっっと頂上に着いた
ふおおおキレ――!

足が棒のようだ……
げそっ
あっ見て!!
あそこだよ俺たちが行きたかった頂上!
つい隣
えっ近っ!!
ニアミス!!
とりあえずあそこの山小屋でひと休みしよう
フー
ううまた歩くのか……
あれっ
ここ道がなだらかで歩きやすい!
すいすーい
牛もいる
あ他の登山客もいっぱい来てるね
そうか…
正しい道を選んでいれば始終こんな道を歩けたはずだったんだよな……
木や川を乗り越えたりすることもなく
ぴゅん
元気
俺席取ってくるよ!
山小屋では搾りたて牛乳が買えるという
超・新鮮

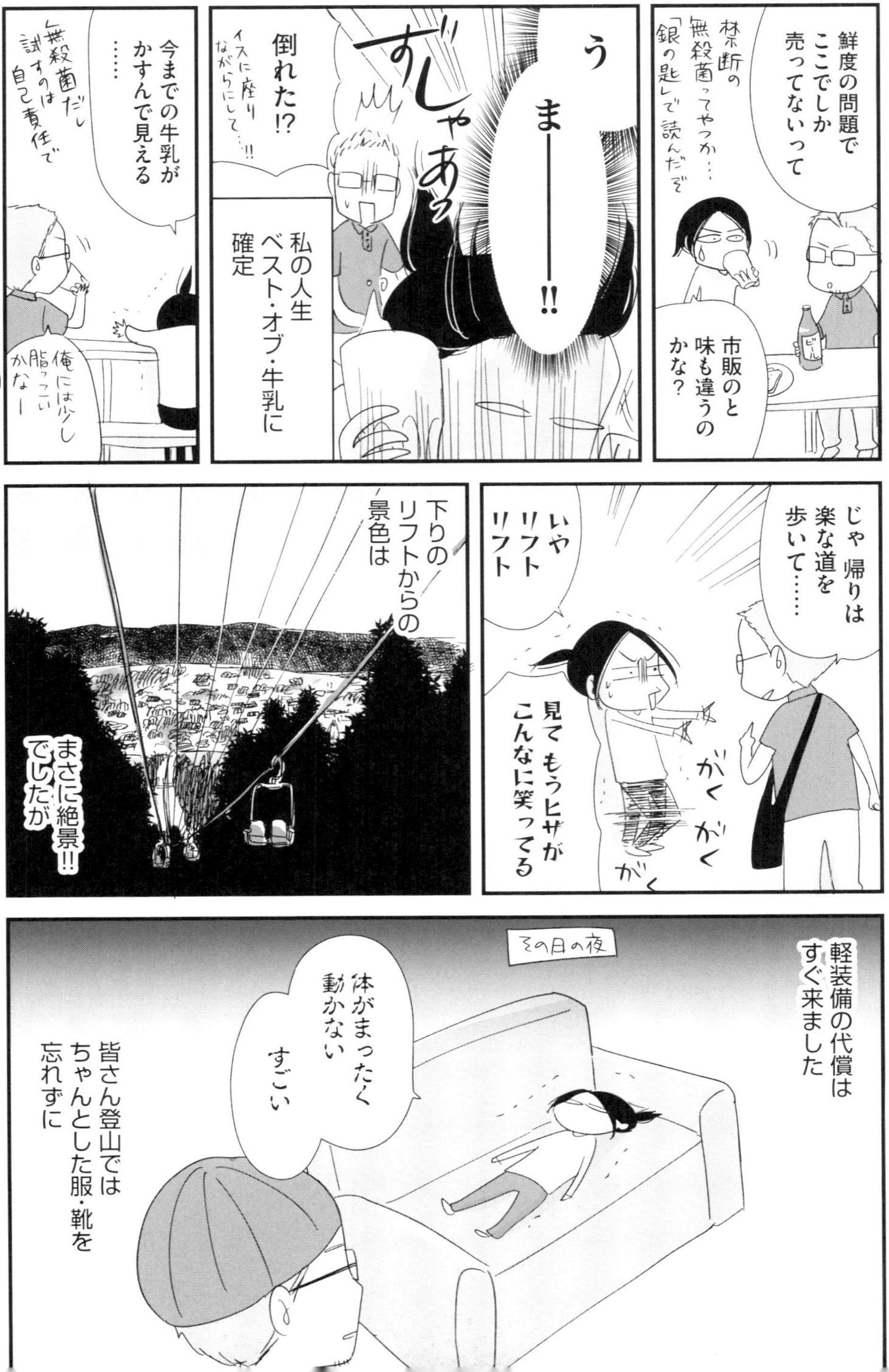
鮮度の問題でここでしか売ってないって
禁断の無殺菌ってやつか…「銀の匙」で読んだぞ
ビール
市販のと味も違うのかな？
う
ま――――!!
ずしゃあっ
倒れた!?
イスに座りながらにして…!!
私の人生ベスト・オブ・牛乳に確定
今までの牛乳がかすんで見える……
無殺菌だし試すのは自己責任で
俺には少し脂っこいかなー
成分無調整だしね
じゃ帰りは楽な道を歩いて……
いやリフトリフト
見てもうヒザがこんなに笑ってる
がくがくがく
がく
下りのリフトからの景色は
まさに絶景!!でしたが
軽装備の代償はすぐ来ました
その日の夜
体がまったく動かない
すごい
皆さん登山ではちゃんとした服・靴を忘れずに

手作りケーキ

夫、新しい職場から帰宅
あおかえりー
…何してんの？
ガタ
ゴト
ケーキを焼く
えっそろそろ夕食時だけど？
お腹すいたん？
挨拶をかねて
明日職場に持っていこうと思って
ちがいます
材料
思えば様々なシーンで手作りケーキを渡し、渡されることが多いドイツ
手土産、ちょっとしたお礼、誕生日（祝われる側が皆に配る）etc…
挨拶で配るのもマナー？
うーん
マナー…というか
俺なら「親切な人だな」と思う
？
俺は親切だから ケーキを焼いて 持っていきます
声高
俺が！親切だから！
そんな悪い顔で言われましても
かっしかっし
ドイツ一《いち》押しつけがましい挨拶ケーキがここに

男女問わず手作りお菓子を手土産に持ってきてくれる友人多し
チョコケーキすき？
クッキー焼いた

手作りのホールケーキを持ってる人を電車で見ることもしばしば…
ガタンゴトン
でかいケース
職場か何かで配るんだろうな

近所の動物たち～ニワトリ編～

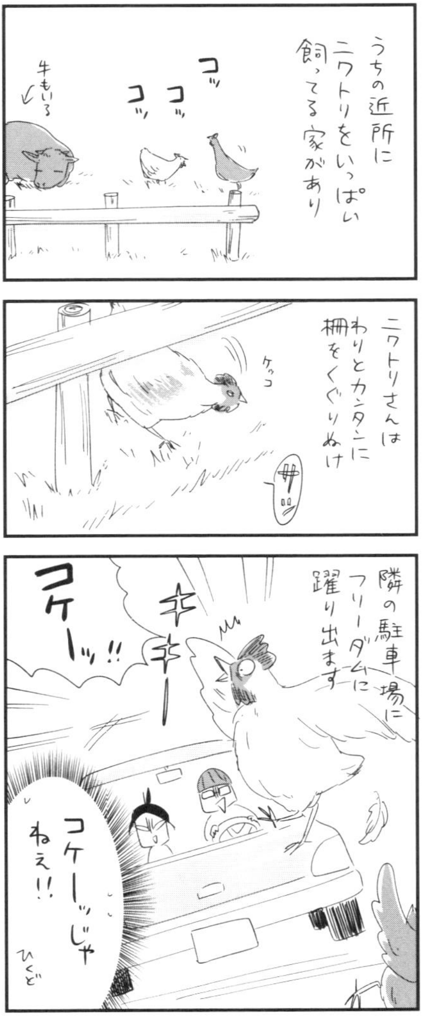

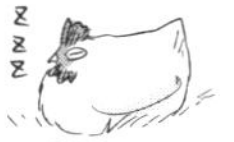

駐車場の隅で
寝てるヤツとかも
いつ動き出すか気が気でない

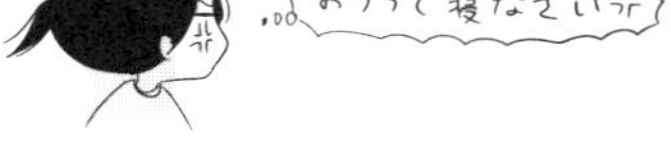

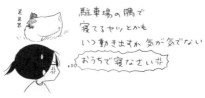

夏の散歩道

夏の晴れた日
まぶしっ
うちの近所は散歩にもってこいだ
お隣さん
ハロー
あっ
ハロー
昨日はすごい雨でしたね！
しかし方言は一言も聞き取れない
!?
ごめんおじちゃん
今年生まれた子牛たちの横を通って
やっほー
細い路地を進むと
草原がどこまでも広がっている

キレイだなぁ
スケッチでもするか
サッ
スケッチブック持参
フフ……こういうことするとマンガ家っぽいね……
シャッ シャッ シャッ
ちま ちま ちま ちま
雑念
ちま ちま ちま ちま
30分後
ちま ちま ちま
てんてん てんてん
草原が全く描き終わらない
とりあえず切り上げて先へ進む
これもスケッチ
ここにある木の電柱が好きだ
草原に電柱の並ぶ景色は
ちょっと壮観
ちなみに住宅街の中に電柱はなく
この草原のど真ん中に並ぶのみ
先が見えない
どこに送電しているのだ…?

少し進むと麦畑が見えてくる
………
サワ… サワ サワ…
絶対描きたくない……
パタン…
↑作者の怠慢により写真でお送りしました
その隣に大量の謎の実が落ちてハエがたかっていたので
ここは素早く走り抜け
←※白乃の残像
ぱっ
小川沿いの道に出る
トプトプ
トポポポ
ちなみにドイツ語で「小川」は
"Bach《バッハ》"
はっ…
…ということは

音楽家のバッハって…
ヨハン・ゼバスティアン・バッハ 1685−1750
小川さん
日本風に言えば「小川さん」か!?
…と思って調べたら既に色んな人が言ってたうえ
はずかしい…
Wikiより
家にて
「小川」のバッハとは語源が違うという話もあるようだ…
その向かいの家では女の人がビキニでくつろいでいる
さ 寒くないのかな
上着着てちょうどいい感じの気温だけど……
差
この日、8月なのに20℃ちょいくらい
気温が多少低くても
サングラス&半ソデ・半ズボンでサイクリング
「8月+晴れ=夏!!」と割り切るのもドイツの短い夏を楽しむ知恵なのだろう
よーし!私も冷えたビールで夏を満喫しようではないか
ガコ
ヒヤー
窓も全開でな!!
フハハハ
そして
夕方
ただいま〜
寒い……
……何してんの!?
ぐきゅるるる
ガタ
ガタ
調子に乗ってお腹を壊すまでが私の夏です

ドイツで怪談?

ちなみに夫は「日本のユーレイは怖い」…だそうだ

うちの網戸

ドイツは夏でも虫が少ないからか
網戸のついてない家が多いのですが
ゴキもムカデもまず見ない
蚊はいるにはいる
(でも今まで刺されたことなし)
ウチの周りは家畜もハエも多いので元々網戸がついていた
こ 網戸なしだと
これはキツかったな…
ハエが網戸にびっしり…
というわけでガードが固いのはよかったものの
ブブブ
玄関(階下)から入ったかな…
あ ハエ 窓から出そっと
あっ!?
この網戸…ガッチリはめ込むタイプだ
がっちり
ガーーン
開かーん!!
しかも全窓コレ
一度虫が入ると三日くらい戦いが続く…

窓からはアルプスが見えるのですが
これもいつも網戸越し…
写真が撮れん……

湖ハイキング

ドイツアルプスの最高峰
"Zugspitze"
標高
2962m
「ツークシュピッツェ」のふもとに
ちなみに富士山は3776m
高い
「アイプ湖」というすご〜くキレイな湖がある
Eibsee《アイプゼー》
ここ行こうよ！
今度は全然山道じゃないよ！
近くまで車で行けるから!!
ホントに大丈夫？
いいけど
私の体力のなさは平らな道でもいかんなく発揮されますすよ
今回はちゃんとした装備で行く!!
山のぼりルック
しかし最寄りの駐車場から湖までは
えっほえっほ
まさかの徒歩1分
もう湖見えてる
わーっすごい
ユキ見てっ
あれ…？
装備の意味は…？

超エメラルドグリーン
って……ひえ〜〜〜〜〜!!
めっちゃくちゃキレイ!!
アルプス×湖の風景……正義……
よし泳ごう!!
だっ
え？ でも水着持ってきてない…
ポイポイポ〜イ
パンツ一丁
ばしゃー
ユキもそのままおいでよ！
きもちいい!
ワイルドがすぎるわ!!
タオルもないど

構わず
気持ちよさそうに
泳ぐ夫
今日暑いし
水浴び日和かも
とは言っても
30度は超えてない
からなあ
水
冷たく
ない～?
全然――!
周りを見れば
なるほど皆も
飛び込みまくっている
ワー
ばちゃーん
ぴちゃ
どれ
ピキ
ピキ
ピキ
冷たっ!!!
しっ
はー
はー……
心臓発作
起こすわ
こんなん!!
すーい
すい
気候のせいか
ドイツ人は冷水耐性が
強い気がする……

はあー楽しかった！
ばしゃー
その濡れたパンツどうすんの
替えはないで
パンツ脱いでズボン履けば大丈夫!!
※岩影
ずぼんっ
ぴゃっ
小学生かっ!!
夫 色んなことがザツ
ひとまずおやつ休憩
長い
サラミ
りんごとプレッツェルとサラミを持ってきたのですが
いただきま――……
そのままかじる
ん？
…ブーーン…
ハチー!!
食べ物につられていっぱい来た
2度も刺されるのはごめんだ
わぁ わぁ
ブーン
ブン
ぽちゃん
あっ

俺のプレッツェルが〜〜〜〜!!
べしょ
べしょ
夫 ハチ運がない
結局ここで食べるのは断念する
ハチめ……
湖の周りをぐるっと廻って帰ろうか
ぐるっと
うん
湖見るだけでも楽しめるけど…
ハイキングしたければこうして少し山道も歩けるのかー
わーみてリンドウが咲いてる
これは一日遊べるね
わりとなだらかな山道なので自転車で登ってる人も多い
スイスーイ
で…電動とはいえすごいな……
いちおうずっと坂道ですが
そんな中見かけたワイルド親子
連結型自転車
子供乗ってる
ま…まさか
これで山道を下る気か!?
ド!

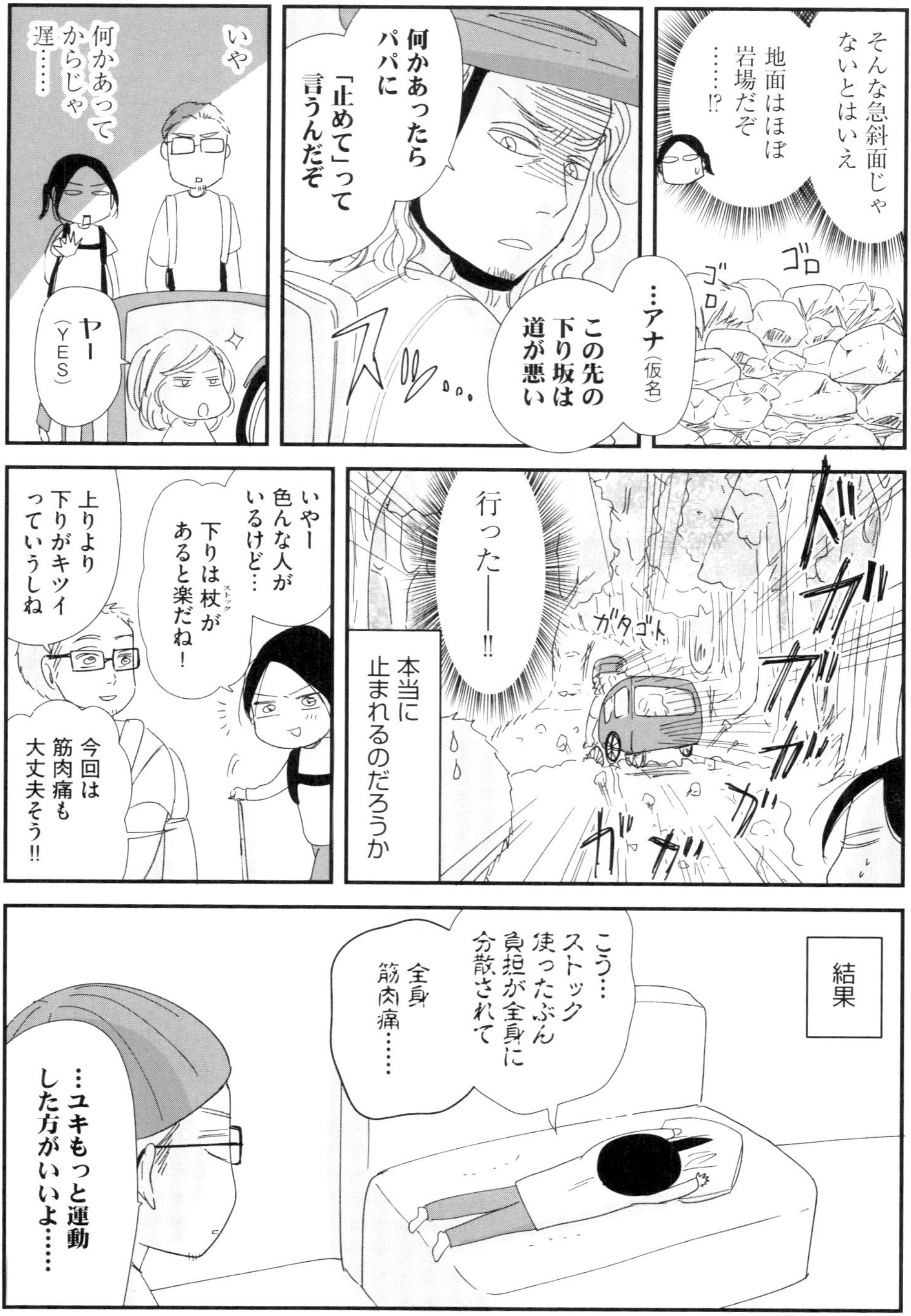
そんな急斜面じゃ ないとはいえ
地面はほぼ 岩場だぞ
……!?
ゴロ
ゴロ
…アナ(仮名)
この先の 下り坂は 道が悪い
何かあったら パパに 「止めて」って 言うんだぞ
ズッ
いや 何かあって からじゃ 遅……
ヤー(YES)
ドガガガガガ
ガガ
行った――!!
ガタゴト
本当に止まれるのだろうか
いやー 色んな人が いるけど…
下りは杖《ストック》が あると楽だね!
上りより 下りがキツイ っていうしね
今回は 筋肉痛も 大丈夫そう!!
結果
こう… ストック 使ったぶん 負担が全身に 分散されて
全身 筋肉痛……
…ユキもっと運動 した方がいいよ……

羊のおじさん

白乃雪

Daheim ist wo's heimelig ist.

ベルリン国際ビアフェスト

中世マーケット in ショーンガウ

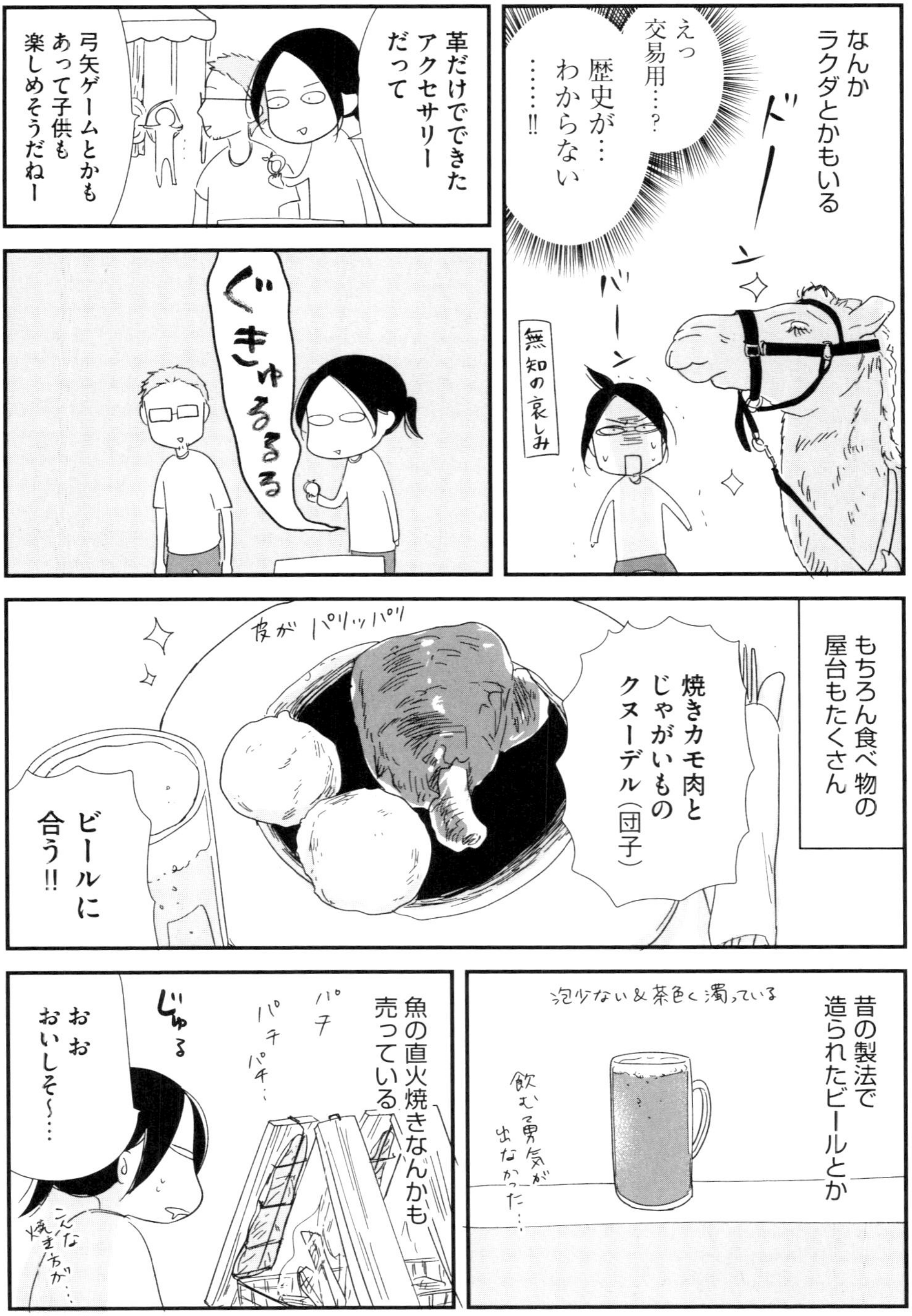
なんか
ラクダとかもいる
えっ
交易用…？
歴史が…
わからない
……!!
ドーーン
バーーン
無知の哀しみ
革だけでできた
アクセサリー
だって
弓矢ゲームとかも
あって子供も
楽しめそうだねー
ぐきゅるるる
もちろん食べ物の
屋台もたくさん
焼きカモ肉と
じゃがいもの
クヌーデル（団子）
皮がパリッパリ
ビールに
合う!!
昔の製法で
造られたビールとか
泡少ない＆茶色く濁っている
飲む勇気が
出なかった…
魚の直火焼きなんかも
売っている
パチ
パチ
パチ…
じゅる
おお
おいしそ～…
こんな
焼き方が…

そして何より
中世風の格好をした人達で溢れているのが楽しい!!
お店の人もお客さんも
自由にコスプレ
よくわからない羽根をつけたおじさん
俺達も何かコスプレすればよかったかな
アハハ
あっでも私の場合
「交易に来た東洋人」のコスプレって設定でいけるんじゃ
どう?
ええ……
どう?って
大胆にコスプレの定義を揺るがしてきたな
子供達も色んな格好をしててとても可愛かったのですが
フオオカワイー!!
ゲームに並んでいたある女の子が言った
私ホントは騎士の格好がしたかったんだけど
準備が間に合わなかったの…
日本語?

鎖かたびら(防具)
なんだそれなら君はもう騎士じゃないか
鎖かたびらを口にまとってるんだから！
？
ニコッ
ああっ
歯の矯正器!!
おじさん ナイス機転
夏や冬に各地で開催されることの多い中世マーケット
中世風クリスマスマーケットも色んな所でやってる
中世ヨーロッパ好きの方は一度行かれてみては?
もし次行くとしたら私は鎧を着ていきたい
こういうの
兄さん
このまえアニメ一緒に見たね
それは中世…っていうか
とある錬金術師では……

バレた

癒しのモフモフ

おまけ

タテに伸びたランタンプランの肖像

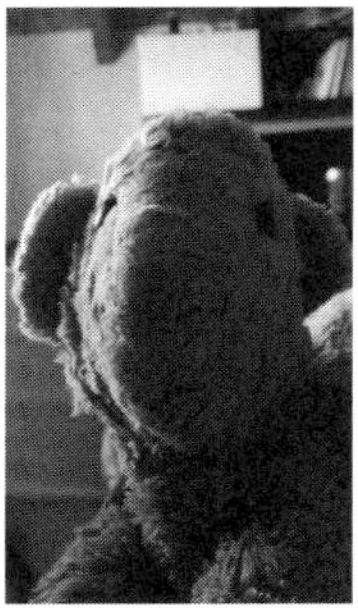

通常

ドイツのとあるスーパーにて

萌え死んだ（子供とお姉さんの可愛さに）

Daheim ist wo's heimelig ist.

鐘の音がきこえる

ドイツの各地にある教会は
カーン
カーン゛…
鐘の音で時を知らせてくれますが
ハンブルクに住んでた時は最寄りの教会が少し離れてたのと
周りぐるっとアパート
高めの建物が多く音が届かなかったのかほとんど聞こえなかった
今の家ではよく聞こえる
カーン…
カーン…
はーのどかだな～
ものすごくよく聞こえる
朝5時をしらせる鐘の大合奏
ゴンガラーン
ガラーン
ガラーン
窓開けて寝られん!!

てか朝の5時に
あんな鳴らして
苦情来ないの…?
いや〜
まあ教会の
鐘だからね…
でもここはまだ
静かな方だよ
うちの実家なんて
教会との間に
さえぎるもの
ゼロだから
両親の寝室なんか
窓閉めてても
大音量だよ
実家
教会
山
ガラーン
ゴローン
マジか……
まあ日中は
大して気に
ならないん
だけど
教会側以外の
部屋は
静かだしね
問題は夜
寝付けない
時なんだよ
鐘の回数
15分=1回
30分=2回
45分=3回
00分=4回+「n時」のn回
15分ごとに
鐘が鳴るでしょ?
カーン
カーン
カーン…
ゴローン
ゴローン
うう…
高い音で4回
低い音で2回…
ということは今
2時00分か……
次の15分で寝つけるかな!!
15分ごとに
鐘を数えちゃって
余計に寝れないん
だよ!!

羊を数えると眠れるとかいうけどありゃーウソだと思った!!
鐘の音数えてたって目がさえるわさえるわ
えらいところから結論引っ張ってきたな
まー利便性でどうこうって話じゃないんだけどさ
寺の鐘みたいなもんだよね
宗教的なことだしねぇ
でも場所によっては音量調節することもあるようだ
ちなみに私の仕事部屋は作業環境を考えて「教会から一番遠い部屋」にしていた
つっても部屋の多さ的にほとんど選択肢はないのだが
寝ちゃえば鐘は気になんないけど
仕事中はずっと気になるから!!
よしコレで仕事は安泰だぜ…
→ハードルが低い
フーっ
液タブ
ドゴゴゴゴゴ
ドルドルドルドル
振動
ンモォーー…
謎の農耕機
牛舎
教会の鐘とどっちがマシだったかは謎です

近所の動物たち　キツツキ編

私とドイツ食

日本食は恋しくはなるけれど
ててーん
ビール
ドイツ料理はドイツ料理で楽しんでます!!
まず外せないのが
ドイツパンのおいしさ
前著「とつげきドイツぐらし!」でも触れましたが
じゃがいも・ビール・ソーセージに隠れがちですが
ずっしりとして味わい深くめちゃウマ
歯ごたえサイコー
種類もめちゃくちゃ多いし……
パンだけでも延々と食べてられるわ
※パン屋によって差はアリ
それに乗せる肉やチーズも色々で
オーソドックスなハムはサラミなどから
豚の生ひき肉
特別に処理されたもの（味つけ済）
これに玉ねぎのせてコショウとかふると最の高
メットヴルスト
レバーソーセージ
てかペースト
クセはあるがレバー好きにはたまらない
最の高
ハーブ入り
あとニンニク入りのピリ辛サラミとか熟成チーズとか
ぐわああ
深夜にこの話描くんじゃなかったー!!

そしてドイツには当然ご当地ビールが各地にありまして
種類も色々
ケルシュ
ボック
アルトビア
黒ビール
etc…
ドイツ全体でよく飲まれてるのは ピルス（＝ピルスナー）という 苦味のキリッときいたビール
私の住むバイエルンはまさにビールの宝庫
ピルスより苦みが少ない
Helles
香ばしい「ヘレス」にフルーティーな「ヴァイスビア」（白ビール）など種類も豊富
Weißbier
PAULANER Weißbier
オクトーバーフェストに向けて造られる「オクトーバーフェストビア」も楽しみのひとつだ
どーん
色んな銘柄のフェストビアを試す!!
欲張りすぎでは
俺もビールはバイエルンのが好きだなあ
ぷはー
夫的にはどのビールが一番好きなの？
そりゃアサヒスーパードライですね
のどごしがイイ!!
え…
どこ見てんの…？
ドイツ関係なかった
そしてバイエルンの伝統的な朝食で有名なのが
白ソーセージ・プレッツェル・白ビール!!
朝からビールだと…？
上司
バイエルン生まれ バイエルン育ち
俺の上司は「最近はこの朝食食べる人も減りつつある」って言ってたけどね
食べるとしても 外食で 休日だけ…とか
メニュー

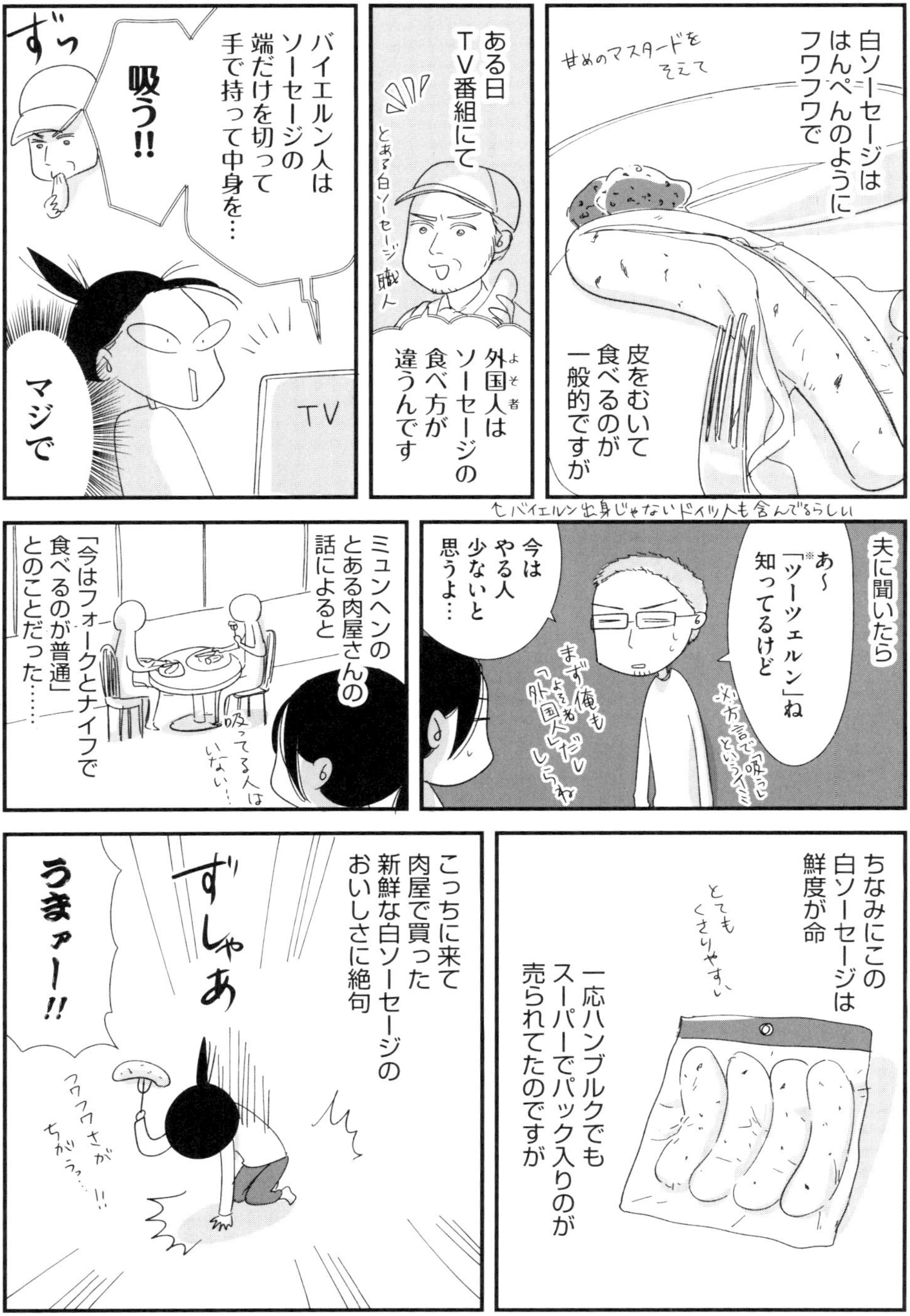
白ソーセージは
はんぺんのように
フワフワで
甘めのマスタードを
そえて
皮をむいて
食べるのが
一般的ですが
ある日
TV番組にて
とある白ソーセージ職人
外国人《よそ者》は
ソーセージの
食べ方が
違うんです
バイエルン人は
ソーセージの
端だけを切って
手で持って中身を…
吸う!!
ずっ
マジで
TV
↑バイエルン出身じゃないドイツ人も含んでるらしい
夫に聞いたら
あ〜
※「ツーツェルン」ね
知ってるけど
※方言で「吸う」というイミ
今は
やる人
少ないと
思うよ…
まず俺も
「外国人《よそ者》」だし
しらね
ミュンヘンの
とある肉屋さんの
話によると
「今はフォークとナイフで
食べるのが普通」
とのことだった……
吸ってる人は
いない…
オクトーバーフェストとかでは見るかも
ちなみにこの
白ソーセージは
鮮度が命
とても
くさりやすい
一応ハンブルクでも
スーパーでパック入りのが
売られてたのですが
こっちに来て
肉屋で買った
新鮮な白ソーセージの
おいしさに絶句
ずしゃあ
うまァー!!
フワフワさが
ちがうっ…!!

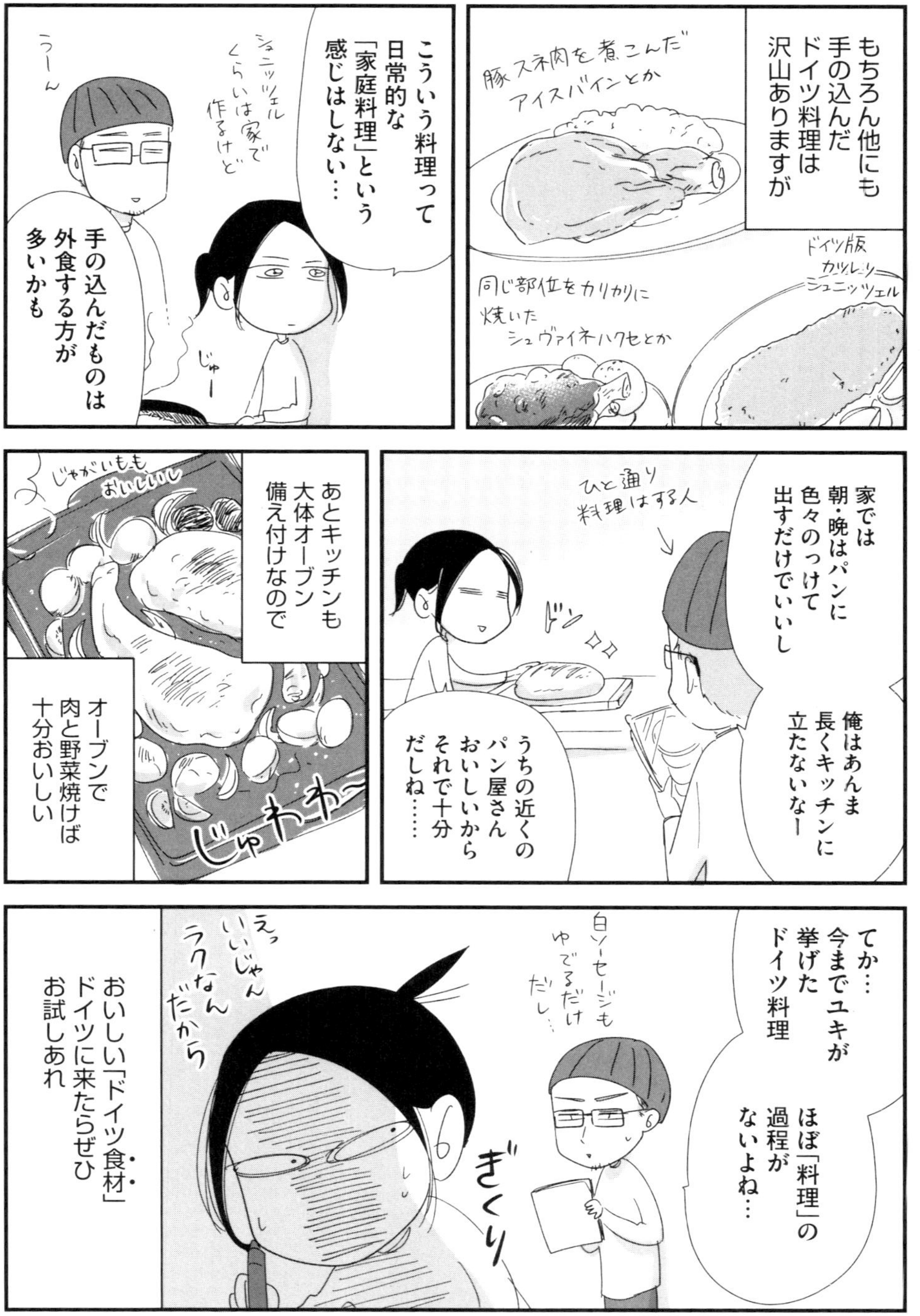
もちろん他にも手の込んだドイツ料理は沢山ありますが
豚スネ肉を煮こんだアイスバインとか
同じ部位をカリカリに焼いたシュヴァイネハクセとか
ドイツ版カツレツ シュニッツェル
こういう料理って日常的な「家庭料理」という感じはしない…
シュニッツェルくらいは家で作るけど
うーん
手の込んだものは外食する方が多いかも
じゅー
家では朝・晩はパンに色々のっけて出すだけでいいし
ひと通り料理はする人
ドン
俺はあんまり長くキッチンに立たないなー
うちの近くのパン屋さんおいしいからそれで十分だしね……
あとキッチンも大体オーブン備え付けなので
じゃがいももおいしいし
オーブンで肉と野菜焼けば十分おいしい
じゅわわ〜
てか…今までユキが挙げたドイツ料理
ほぼ「料理」の過程がないよね…
白ソーセージもゆでるだけだし…
えっ いいじゃん ラクなんだから
ぎくり
おいしい「ドイツ食材」ドイツに来たらぜひお試しあれ

バウムクーヘンとは

それくらいドイツではマイナー…のようだ

おえかきコミュニケーション

以来子供たちが前より話してくれるようになりました。

オクトーバーフェスト

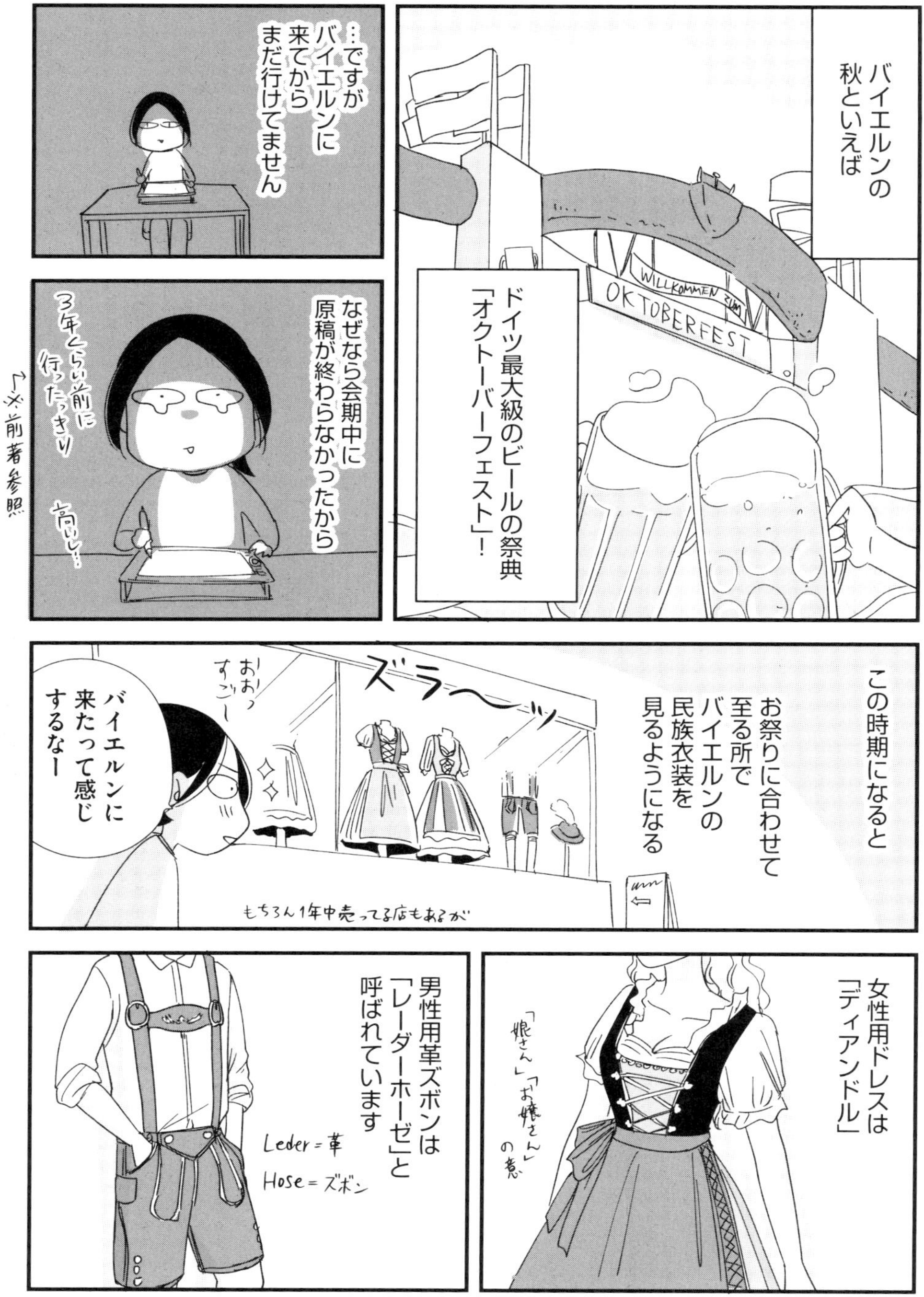

バイエルンの秋といえば
WILLKOMMEN ZUM
OKTOBERFEST
ドイツ最大級のビールの祭典「オクトーバーフェスト」!
…ですがバイエルンに来てからまだ行けてません
なぜなら会期中に原稿が終わらなかったから
3年くらい前に行ったっきり
※前著参照
高いし…
この時期になるとお祭りに合わせて至る所でバイエルンの民族衣装を見るようになる
ズラ〜〜ッ
おおっすごーい
バイエルンに来たって感じするなー
もちろん1年中売ってる店もあるが
女性用ドレスは「ディアンドル」
「娘さん」「お嬢さん」の意
男性用革ズボンは「レーダーホーゼ」と呼ばれています
Leder=革
Hose=ズボン

オクトーバーフェストの時期に驚いたこと
あれっ
スーパーに民族衣装で来てる人達がいる!!
子供用ディアンドル可愛い…
というか街中でもわりと見かける
信号待ちのお姉さん
オクトーバーフェスト関係ないビアガーデンでも見るし
レーダーホーゼの集団
歌ってる…
ゴキゲン…
この人も
レストランのスタッフもこの格好で対応してくれたりする
おおっ
こりゃカッコいいなぁ
特別なときにしか着ない服だと思ってたけど
地元の人達にはもっと親しみやすいものなのかもしれません
もちろん正装として着る服でもありますが…
以上現場からお伝えしました

そして前章で触れた通り
秋のビール祭りシーズンに向け特別なビールも造られるので
スーパーにて
夏にもなれば「フェストビア」というお祭り用ビールのコーナーが続々と出始める
フェストビアコーナー
あっ特設コーナーできてる!!
フェストビア自体はバイエルン以外でもふつうに買えるけど
ハアッ
ハアッ
せっかく本場バイエルンにいるんだ
ご当地フェストビアをいっぱい買わねば!!
うおーっしらない銘柄たくさん
レジにて
いいねえ…試し飲みかい?
ここのはおいしいよ
あっ
はい…
全部ちがう種類&まとめ買い
言い当てられてちょっと正気に戻る
そういや夫氏はレーダーホーゼとか買わないの?
うーん買わないいな
俺バイエルン出身じゃないし
プハー
どっちかというとオクトーバーフェストにも浴衣着て行きたい…
祭といえば浴衣
まあ日本人的には違和感はない気もします

彼の名は。

国違うし

なつかしのハンブルク

ティアハイム

夫は犬好き
犬飼いたいな
この辺は都市部と違ってのびのびと散歩できる場所も多いし
昔飼ってた犬の写真
犬か……私動物飼ったことないからな～
想像がつかない…
世話すごい大変でしょ？
そりゃ生き物と暮らすわけだから
じゃあまず犬の散歩に行ってみる？
え？誰の犬？
施設！
というわけで訪れたのは近所の動物保護施設
ワオーン
ワン
ワン
おお～犬の声がする…
TIERHEIM
ドイツ語で"Tierheim《ティアハイム》"（動物の家）という
犬以外の動物もいるよ
ここでは会員登録（有料）すれば犬と散歩にも行けるのだ
任意で施設への寄付も…
します
即答
すでにそのへんを歩いてる犬

ここで引き取ることもできるんだね
わう
わう
うん
まあ色々と事情のある犬もいるし
ユキみたいに犬飼ったことない人には難しいこともあるかもだけど
引き取れなくても散歩に連れてく手伝いをしつつ
犬と暮らす感覚がわかればいいかなーって
もしいい出会いがあればその時考えたらいいし
いわば散歩のボランティア
なるほどー
とか言いつつ実はちょっと犬が怖かった私
ちょっとね…？
噛んだりとかは…？
職員さん
噛み癖のある犬なんかは
職員としか散歩に行かないことになってます
「散歩に連れてっていい犬」は職員さんが選んでくれる
ちゃんと犬の体調も散歩の頻度も把握してまーす
そしてトレーナーがしつける
マヤおいで
ガチャ
最初に自分のニオイをかがせて挨拶するといいよ
しゃがんでね
ほう…
ドキドキ
スン
スン
ペロン

がっ
かはーーわいいーーー!!
(※可愛い)
この先にいい森があるから
なんてこった
いってきます!!
近くの森を抜けると
広々とした草原が広がっており
何もな〜い
ワンちゃんと楽しく走り回ることもできる
わーーい全力疾走だーー!!
わあっ私のこと待っててくれてんの?
どてどて
どて
ピタッ
ハァハァ
速い
わぁ
優しいねぇマヤ!!
かわいいねぇ
かわいいねぇ!!
ハァハァ
このひと汗だくやでぇ
計画通り……
ニヤリ
夫よりテンションが上がる私

犬を飼う方法って施設から引き取る以外だと何があんの?
※モラル上の判断で犬や猫はふつう店で売られていない
ブリーダーに直接話しに行くよ
たまにネットだけでやり取りしてる業者も見るけど
ゴオオ
俺をじっくり見てから決めろ!!
犬を商品みたいに扱って貰い手をよく知ろうともせん所からは絶対引き取らん!!
こんなに熱い夫を見るのは初めてだ
他のボランティアの人ともよくすれ違う
あらーマヤ?
ハイ
皆何度も来てるんだなー
最後は職員さんに引き渡して終わり
どうだった?
バイバイ
犬の可愛さはよくわかった……けど
今の私の体力じゃ散歩に行くだけで死ぬ……
全力疾走の後遺症
ガクガク
ガ
こ、股関節の痛みが
ユキヤバいよ
思わぬ弊害にぶち当たり
犬を飼うのは保留中です

色んな犬たち

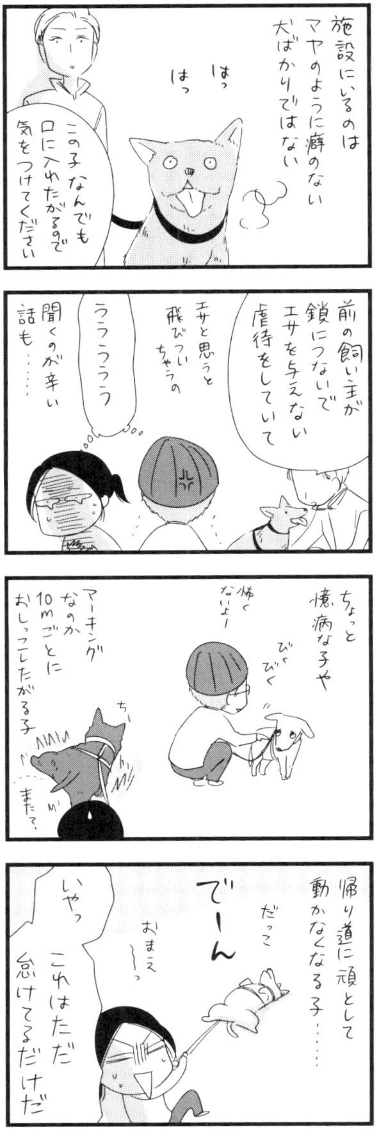

ちなみに「アヤ」は
あのあとすぐに
引き取り手が
見つかったそうです

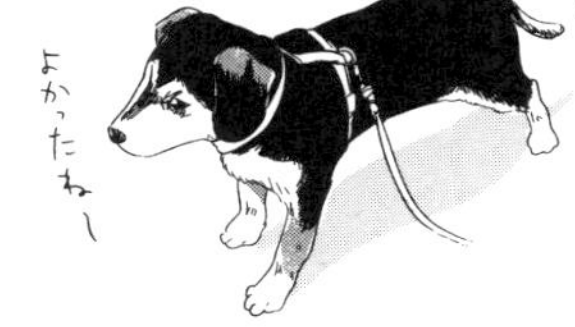

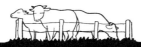

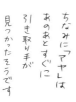

訪問者

バイエルン州は11月1日は「諸聖人の日」で祝日
諸聖人の日
すべての聖人・殉教者を記念する日
お墓参りをしたりもするらしい
死者の日
全ての死者に祈りを捧げる日
…だそう
その翌日は「死者の日」にあたるという
当日近所の子供たちが突然ウチに来訪
うにゃうにゃうにゃっ
○×△☆♨︎□◎!!
!?
なんの呪文!?
ごめん全然分からなかった
今日は何する日なの?
もっかいプリーズ
えっとね 死者の日でね この辺りでは子供がお菓子かお金をもらって回るの
えっ お菓子ない…お金? い…1ユーロでいい?
小銭
小銭
わたわた
「菓子、さもなくばイタズラ」ではなく「何かをあげる」しか選択肢がなかった

「この辺り」といってもうちの地域の限定的な風習で全然メジャーではないようだ
このあと大家さんがあわてて説明に来てくれた
ユキ絶対しらなかっただろうと思って
うん びっくりした…
ドキドキ
←お菓子の山

ベルギーに行った話

2016年の年末と その翌年の2月
なんとベルギーと日本の国交150周年の記念コンサートに出演させていただいた
BOZAR《ボザール》という芸術施設にて
私の仕事はブリュッセルのオーケストラの演奏に合わせて
私
絵をライブでスクリーンに映して描いていくというもの
オーケストラが日本のアニメやゲーム音楽を演奏してくれる
すごい
そのリハーサルでブリュッセルに行った時のこと
スカイプで何度か話していた音楽監督さん
ハロー ユキ!
あっ
ハローー!
彼女は妊娠中だった
チュッ
チュッ
チュッ
やっと会えたねー!
英語
反応できず
おっ
おおおお〜〜〜!?

エアじゃないこともあるとか…
そうか
フランス語でいう「ビズ」ってやつか⁉
あいさつの違いを全く考えてなかったことに気付く
両頬に エアキス（音たててるだけ）
ベルギーの公用語はフランス・オランダ・ドイツ語
ドイツは大体初対面は握手のみやるとしてもハグだけなので
ハロー
仲良くてもあいさつはハグのみ
その場で5分で習得した私の付け焼刃なビズはかなりぎこちなかったことだろう……
チュッ チュッ チュッ
（ベルギーは両頬に3回が正式なようだ）
なるべく「知ってましたよ」感を出している
コンサート当日
観客は子供たちが中心で
大人の一般客もちらほら
インタラクティブコンサートといって観客も歌ったり踊ったりしてくれる
ソリストの尺八奏者（スペイン人）
サークーラー〜♪
サークーラー〜♪
のーやーまーも
さ〜と〜も〜♪
すすげ――‼

「トトロ」も歌ってくれるし
トットロ♪
一緒に歌っている
「ソーラン節」に発想を得たというダンスも踊ってくれた
※曲は大河ドラマの「八重の桜」のテーマであった
前で踊るスタッフ
うおお この動き知ってるぞ!!
ていうか真横でオーケストラの演奏聴けるし
幸せー――!!
ジャジャーン
音圧
ほぼ ただの観客と化す私
私はタブレットで曲に合わせて一枚2~5分で絵を描いていく
ジブリのテーマ♪
チッチッチッ
1:52
プロジェクターにつながっている
ストップウォッチ必須!!
スタッフとオーケストラの皆さんのおかげで大成功だったのですが
小学生とかなのにスタンディングオベーションでほめてくれる
ワー―ッ
指揮者さん
ユキがストップウォッチ片手に秒単位で時間計って描いてるの
すごく「時間厳守の日本人」ぽかった!!
ハハ
スタッフの皆
…とあとでスタッフの皆に言われた

ちなみにコンサートの後
「自分でもマンガを描いている」という少女が私のところに来てくれたのですが
お母さん
あなたのマンガを見たいそうで
もちろん！
まってね
えーとキンドルに入ってたかな…
スマホ
パッ
その時読んでたマンガ：なんか殺伐とした時代もの
ふんどしで凄《すご》む侍たち
（※画像はイメージです）
フワァオ!!
OFF
ばっ!!
あっ
あ〜〜〜
間違えた……
マンガデータはタブレットの方に入ってたんだったハハ……
ハイこっち
え…
こっちね
今のは…って
以来イベント前にはキンドルのデータも整理することにしています

キョリ感

ドイツのコミュニケーションは割とあっさりしてるような印象がある
私が抱いていた「欧米イメージ」よりも…
ボディータッチとかもそんなに多くないカンジ
そりゃ人や土地柄にもよるけど
カップルとかも外でキスとかはよく見るものの
友達の前でもフツーにしてる
電車の中とかで熱烈チューとかはあんまり見かけない
手つないでるだけのカップル
でも握手の時の力の強さはなかなかです
商売道具の右手が!!
ぎゅっ
うっ
ハロー!
ビキ

親の前でもキスするのは別によくあることらしい
日本の実家にて
ユキのお母さんとお父さんの前で俺たちこんなによそよそしくて「うまくいってないのかな」って心配されない?
キョリ
心配しないでされないから
フツーだよ

週末の舞

Daheim ist wo's heimelig ist.

ホームドクター

夜中に膀胱炎になった
寒くなってくるとテキメン
ドイツだとまず初めにかかりつけの「ホームドクター」に診てもらうのが一般的で
Hausarzt《ハウスアーツト》＝ホームドクター
（近所で自分の好きに決められる）
大きな病院へ行く前にこちらへ来てね
診療時間外でも緊急だったら電話したりもできるのですが
ぼ膀胱炎で血尿が
その時はまだ引っ越したばかりでホームドクターを決めてなかった…
ひーどこだ夜診やってるトコ
とりあえず市街地の大きい病院へ
しかもちょっと追い返されそうになる
膀胱炎〜？
イテテテテ
こういうのはまずホームドクターに
まだいないんですっ

ひとまず薬を出される
なんか見たことない飲み薬
これ一回で効くから
え マジ…て
ぬるっとしたオレンジ味……
まぜて全部のんでねっ
しかし数日後
なんかまだ痛い…
近所のお医者さんに行ってくるよ
ホームドクター決めときたいし
待つだろうから暖かくしてね
俺は仕事…
はーい
そう
ハンブルクにいた時は病院はどこもめっちゃくちゃ混んでいたので
2時間待ち…
病院は混むものと思っていたのですが
初診の方ですね採尿して待合室でお待ちください
受付
はい
誰も待ってねえ——
がらーーん
デジャヴ

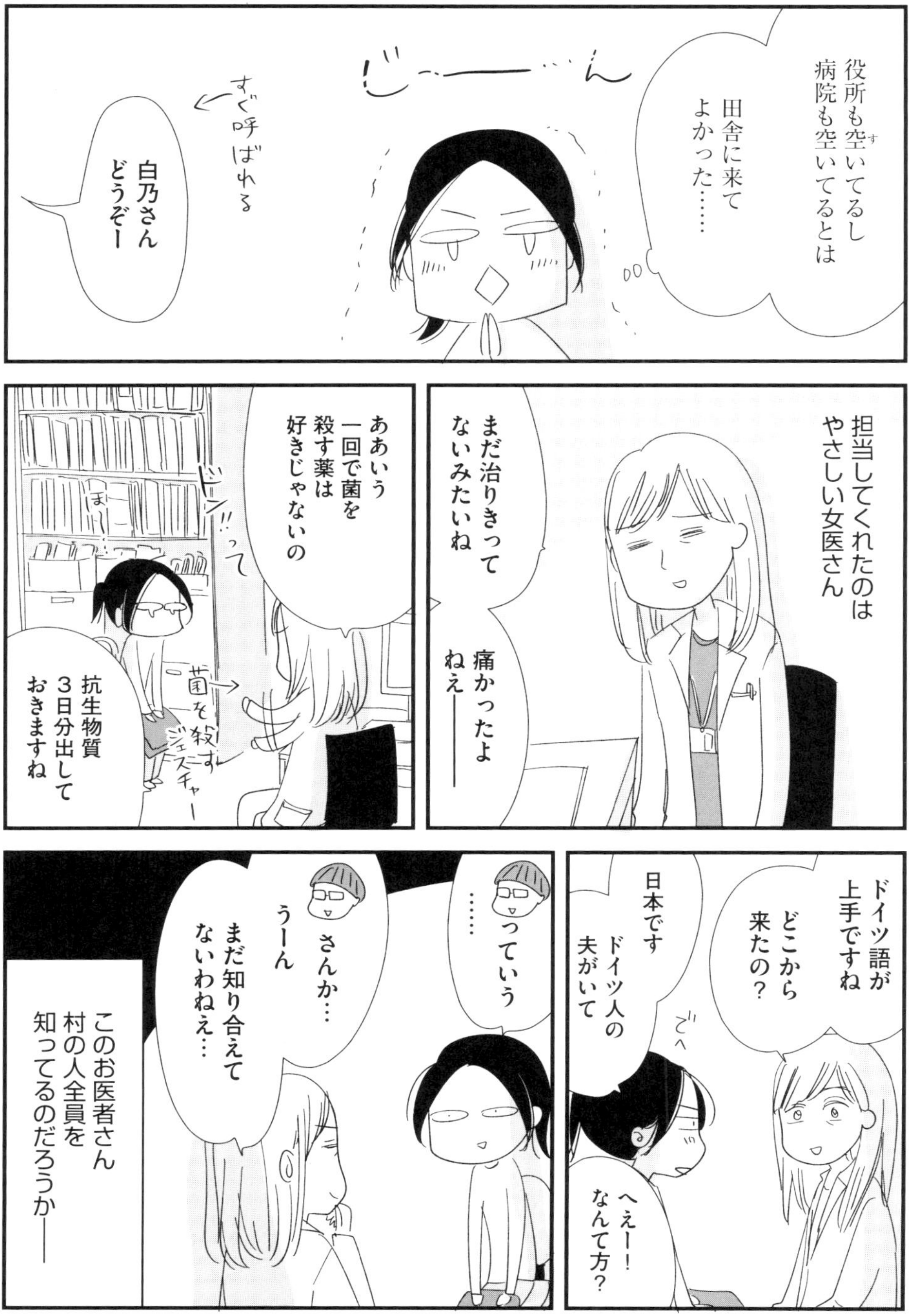
役所も空《す》いてるし
病院も空いてるとは
田舎に来て
よかった……
じーーーーん
すぐ呼ばれる
白乃さん
どうぞー
担当してくれたのは
やさしい女医さん
まだ治りきって
ないみたいね
痛かったよ
ねえ——
ああいう
一回で菌を
殺す薬は
好きじゃないの
ドーン!!って
ほー
菌を殺すジェスチャー
抗生物質
3日分出して
おきますね
ドイツ語が
上手ですね
どこから
来たの?
日本です
ドイツ人の
夫がいて
でへ
へぇー!
なんて方?
っていう
……
さんか…
うーん
まだ知り合えて
ないわねえ…
このお医者さん
村の人全員を
知ってるのだろうか——

とにかく知り合えて嬉しいわ
がっしり
ドイツのお医者さんでは恒例の握手
何かあったらいつでも来てね!!
わーいい所でよかった〰
ひとまず夫にも報告
おかえりー
すっごくいい先生だったー
くすり
へえー!そりゃよかった
あなたの話したら「まだ知らない」って言ってたよ
ぶはっ
この辺の人全員知ってる前提なのか!
あとね
「早くダンナさんとも知り合いたい」って
ダンナさんにもよろしくー
あれ?こんなニュアンスだっけ?
え…?
…俺に病気になれと……?
思いがけず不穏な報告に

マイルド反抗期

近所のバス停にて
なんか待合所で爆音が流れてるぞ?
ドコ
ドコ
!?
あ…あれは
ドン
わかりやすく反抗期っぽい少年!!
くっちゃくっちゃ
スピーカー
なんでスピーカー持ってんの
まあバスもうすぐ来るしいいや…
す…
あっ
音量を下げてくれた
ス…
ドコド…
シャカシャカ
やさしい

うちの夫の反抗期(?)
ドレッド
16才

何を目指してたん?
さあ…
にあってませんね…
今の夫
かわいい…
写真

チップ・トラップ

ドイツで未だに慣れないもの
会計時のチップ
店員さんが テーブルに料理運んでくれる カフェや レストランなどだと 普通払う
相場は5〜10％くらい？
？
うん まあサービスの良し悪しによるし
俺は端数切り上げたりキリのいい数字で払うことが多いかな
まー気持ちだしね
夫
セントまで細かく計算はしない…
じゃ私も真似してスマートに払うわ…
すみませんお会計お願いします
「真似してスマート」
とか思ってたのですが
「どういう時払うか」は意外と知らず
堂々とレジに進んでから気付く
あれっ
美容院てチップ払う!?
こくこくこくこく
↑レジで
恥ずかしいから聞いてくれるなという顔
ハンブルクにて

クリスマスマーケット

ドイツのクリスマス時期のイベントといえば
クリスマスマーケット!!
ドイツ語で Weihnachtsmarkt《ヴァイナハツマルクト》
WEIHNACHTS M
フォフォフォ
ニュルンベルクなどが有名ですが
Nürnberg 描けない…むり…
あとドレスデンとかシュトゥットガルトとか
地方のクリスマスマーケットも個性があって面白い
うちの近くの市街地では12月上旬に2日間だけ開催
チラシ
短か!!
ハンブルクは1か月くらいやってたよね!?
ハンブルクは大都市だもん
俺の実家の周りなんか田舎すぎて
クリスマスマーケット自体近場になかった……
シュヴァーベン(ドイツ南西部)の小さな村ですが
ほえー
きてね
じゃ人も少なくてこぢんまりとしてるのかな?
むしろ大阪の梅田のクリスマスマーケットの方が長いことやってるで
と思いきや
かなりの大盛況!!
ガヤガヤ
キ… キラキラだ!!
ザワ
Flamkuchen
頭の悪い感想
ザワ

規模も全然小さくないし!!
通りすがりの観光客が少ないから長くはやらないだけで
地元の人はふつうに来るからね
言われてみれば確かに
あっ ここにいたー
会う人会う人知り合い同士っぽい……
あれ 来てたの??
おー！ そっちこそ
でも私たちがアウェーかと言われると
ツリーキレイですね
二人ともこの辺の人？
おや 人待ちさんの
あ、はい
ワインの列にて
ホットワイン
列が全然進まんねえ！
ですねー
相当おいしいワインなんだろうね!?
わはは
全然そんなことはなく
むしろすごい話しかけられる……
やっと買えた
ワイ ワイ
もしかしてこの会場で話してる人たちも
今会ったばかりの人同士だらけなのでは……？

もう一つ
グート・ケアシュラッハという所
車でしばらく行った所に大農場があり
GUT KERSCHLACH
そこでも12月の週末にクリスマスマーケットが開かれる
はっ
農場×クリスマスマーケット……ということは
モォオ〜〜…。。。
牛小屋inクリスマスマーケット!!
斬新な絵面……!!
牛だけじゃなくて馬もブタもウサギもいるよ
奥にね
中世感あふれる馬車なんかも来る
キリッ
ヒィィかっこいい
視線くださーい!!
↑心の声
ハァハァ
バシャ バシャ バシャ

会場で売ってるのは
クリスマスマーケット
おなじみ
クリスマス
オーナメント
などの雑貨や
グリューワイン
(ホットワイン)や
軽食
焼き栗
リンゴチップス
ソーセージなどの
ご飯系
etc.……
なのですが
ここには地元で
有名なベーカリーも
あって
焼きたてパンでーす
クリスマスの
お菓子も
よりどりみどり!!
ズラーーーッ
が……
眼福!!
クリスマス菓子
といえば
シュトレンや
日本でもおなじみ
レーズンのシュトレン
クリスマスクッキー
ケーキとクッキーの
中間ぽい食感の
「レープクーヘン」
などがありますが
レープクーヘン
レープクーヘンは
結構スパイスが
効いており
シナモン風味強し
スーパーとかで
買うと
薬の味…
ぽえ
みたいなことも
少なくないの
ですが

※他にも色んな種類のレープクーヘンがあります
(オーナメントにもなる固いものなど)

※ドイツではクリスマスに家で本物のモミの木を飾ることが多い

クリスマス前の訪問者

Daheim ist wo's heimelig ist.

年末

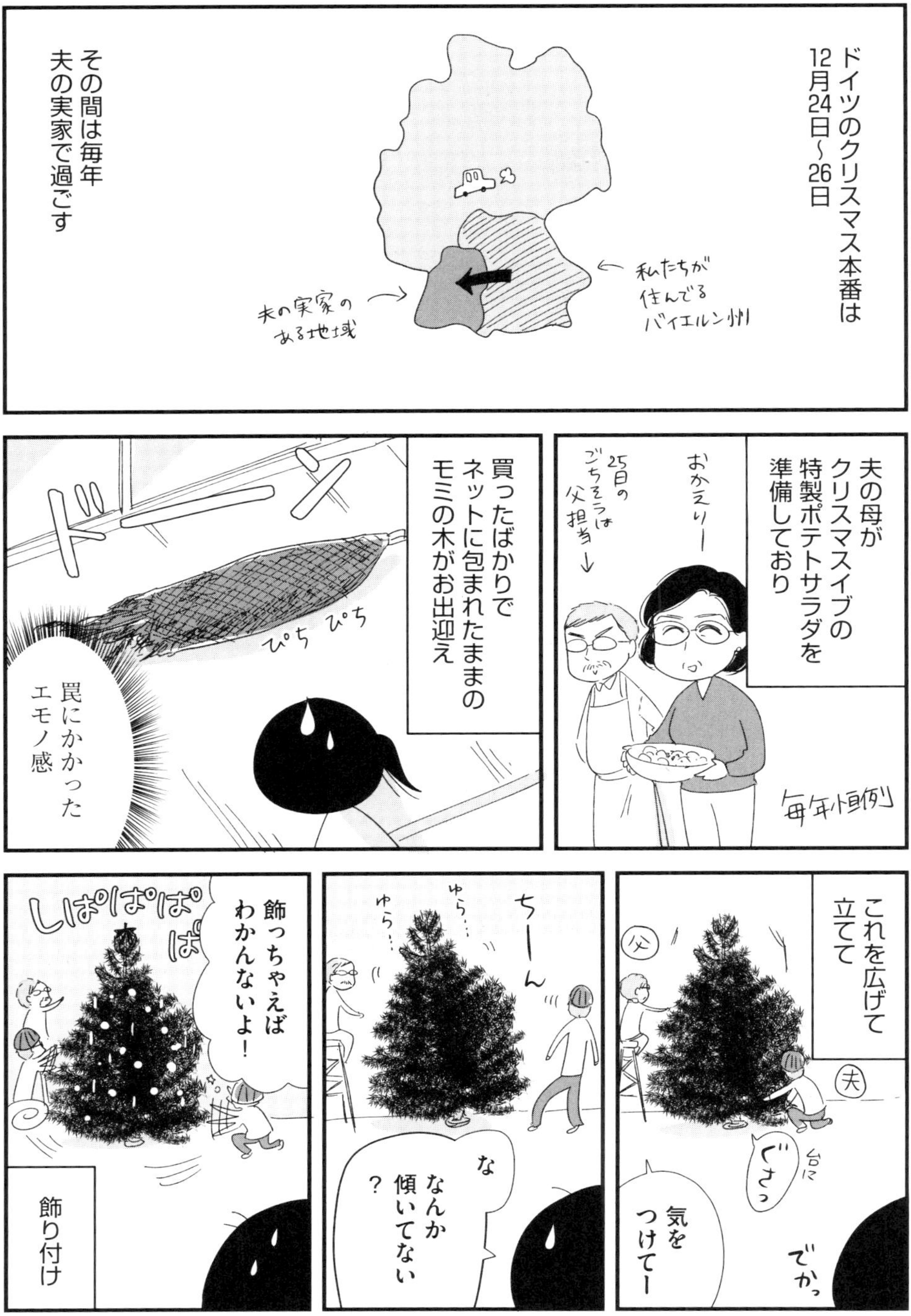
ドイツのクリスマス本番は
12月24日～26日
私たちが住んでるバイエルン州
夫の実家のある地域
その間は毎年
夫の実家で過ごす
夫の母がクリスマスイブの特製ポテトサラダを準備しており
おかえりー
25日のごちそうは父担当↓
毎年恒例
買ったばかりでネットに包まれたままのモミの木がお出迎え
ドーン
ぴち ぴち
罠にかかったエモノ感
これを広げて立てて
父
夫
台に
ぐさっ
気をつけてー
でかっ
ゆら
ゆら…
ちーん
な
なんか傾いてない？
しぱぱぱ
ぱ
飾っちゃえばわかんないよ！
飾り付け

木の下にプレゼントを置いて完成
ちなみにうちの場合
プレゼントの中身は事前に家族と相談しあって大体決めておく
じっ。。。
この大きさは多分頼んだルンバ
ユキー プレゼント交換はご飯のあとだよー
24日の夜はシンプルなメニュー
夫の母 特製 ポテトサラダ
ゆでソーセージ
25日はごちそう
皆でご飯を食べたら
じっ。。。
ユキーまだだよー
プレゼント交換ではしゃぐ
中身がルンバで狂喜するいい大人2名
家族と過ごすクリスマスは日本のお正月のような静けさと特別感があります
フローエ・ヴァイナハテン!!
(メリークリスマス)
家族で集まって乾杯

それとは
うってかわって
何のイベントもない
ドイツの元旦
おととし参加した
友達の大晦日パーティーの翌日
雑魚寝
皆大晦日で
体力尽きて
起きてこない…
というのも
大晦日は友達などと
パーティーしたりして
年明けは花火で
にぎやかに祝うことが
多いのだ
引っ越した年の
大晦日は
バイエルンの我が家で
過ごしたのですが
花火セット
買ってきた!!
ハイスピードボム
ドンッ
ボム!?
でかっ!!
田舎だし……
住宅街でそんな
打ち上げても
大丈夫かなぁ
大家さんは
大丈夫って
言ってたけど…
夜0時だしさ
一応様子を
みようか
当日 家の前にて
大家さんとその友人一家
ドパーン
シュドドー
ロケット
あ二人とも
あけまして
おめでと～!!
あっ
全然
大丈夫
花火全部
打ち上げました

地元のクリスマスマーケット

うちの周り とにかく馬車がよく通る

Daheim ist wo's heimelig ist.

生活習慣の変化

ドイツぐらしも3年目に入り
マンガは相変わらず読みまくりの描きまくりですが
自分の生活習慣も色々変わったなーと感じる今日この頃
まず
ドン
メイクや服装がラフになった
元々ラフだがさらに
日本だとキレイめのお洒落もよく見ますがドイツは「カジュアル」の方が好まれる印象で
ゆったり
キッチリ
髪もメイクも
こっちは日本でもよく見るが、こっちはドイツであんまり見ないなーという感じ
(当然日本と同じように個人差はある)
あまりかっちりキメていくと浮くことも多くてやめた……
あれっ…?
ユキ 今日 何かあるので、
あと住んでるのが田舎なので
今日の外出何着ていこう
……いや
うちの周り牛と馬しかおらんな…
…とやる気をなくすというのもある

元々カジュアルが好きな私には楽な環境といえよう
化粧品?
ニベア一択…というか他を試すのが面倒ですね…
カジュアルっつか雑というか…
NIVEA
ニベアはハンブルク発祥
ドイツ語でフリゾアー
Friseur
ただ一つだけ困っているのが
美容院!!
私の髪は硬い・多い・太いの三拍子揃っていて
わーい
H×Hのゴン
美容師さんとは意思の疎通がしっかりできないと不安
都市部まで行って日本人美容師さんに頼めばいいのですが
しゅ出費がかさむ…
交通費50ユーロ…さらにカットで50ユーロ…
髪が伸びるのが早いので高頻度で行くのは難しく……
一度ハンブルクで近所の安い美容院に行ってみた
髪がすごい硬くて…
大丈夫任せて
バサッ
あれっそこから梳くの!?
髪の毛の表側の層
私は硬い直毛なので
表側の層(梳かない)
内側
他の美容院は大体「パサついて見えないように」と内側だけを梳いてくれてたのですが
表側まで梳くとアホモがすごいことに

今回もそうしてくれると思い込んでて最初に何も言わなかった
ぴょん ぴょん
コレは
髪が柔らかけりゃまとまるんだろうけどな～……
というわけでこんな感じになりました
あとで自分で整える…
えっ
いいじゃん！こっちの方が似合うよ！
今までの髪型はこう ちょっと「ヘルメット」っぽかったし……
つる～ん
表側の髪が重くて……
ブチィ
ヘルメットぉ
技術うんぬんではなく好みの違いなのかもしれない
バイエルンに引っ越してからも近くの美容院を見に行きましたが
おっ ここか
年代もののポスター
妙に安い
カット 9€
………
自分で切るか……
うん
梳きばさみを買いました

あと日本では
毎日浸かっていた
お風呂
かぽーん
ドイツの
前の家(ハンブルク)にも
今の家(バイエルン)にも
バスタブはありますが
ハンブルクでは
こうだったし
バスタブの中で
シャワー
今の家は
こう
キョリ
シャワー
いつの間にか
湯船に浸かる習慣が
ほぼなくなってました
フロが
遠い…
ドイツの家は
冬場でも
あったかいしな…
でもやっぱり
寒い日の
外出後なんかは
浸かりたくなる
ガチャッ
びゅおお
さぶーっ
おおお風呂
お風呂
オッケー今
準備するよ
ぴゅんっ
10分待っててて!!
ガチガチ

ほんとに危ないので皆さんお気をつけて…

夫が信じようとしない「家にひそむ危険」その2
モチ
え～
モチの危険性って…大げさな
ドーン
おだまりっ こちとらモチと風呂のプロなんだぞ!!
謎の理屈

夫と日本食

夫は日本に留学していた頃
このネバネバは一体？
めかぶ
とにかく何でも食べてみるつもりで色々試したらしく
白…子…？
なに…!?
今では日本食大好きである
刺身とかイカの沖漬けとかもスキ
納豆以外は大体いける!!
以前私が風邪をひいた時
うーん…
何食べたい？
なんか…あっさりして食べやすいもの……
よしきた!!
ドビュン
数十分後
どん
サーモン酒蒸し
味玉
ナベ炊きご飯（うちは炊飯器がない）
出汁からとったみそ汁
な…
いつの間にこんなスキルを……？
??
5年くらい前にだしの取り方教えてくれたじゃん
記憶力すごくない!?
かつお

海外にいると自分以外の人が和食を作ってくれるのは本っっ当〜にありがたい
特に風邪の時や疲れてる時……
うっ うっ
ありがとう ありがとう
洋食より食べやすいと思って
あと夫が好きなもの
和菓子
たい焼きが好きすぎて大量に作りまくる
たい焼き器は日本で買いました
あんこから作った!!
どーーん
情熱がすごすぎる
たまに独自のアレンジもする
大福を作ったんだけど
フー
中身はあんこかキャラメルヌガーのどっちかで〜す
すきなのをとってね
ロシアンルーレット?
キャラメルも意外とおいしかったという…

※夫に罰ゲーム的意図はない

あんこも最初は「甘い豆?」って違和感あったけど
自分で作ると甘さも調整できておいしい!
あんこを小分けして冷凍している
普段 豆は甘い味付けで食べないもんね……
私もさ
ドイツで初めて「ミルヒライス」食べた時
「甘い米」の違和感がダメだったな
米を牛乳で甘く煮たやつ
Milchreis
ミルヒライス
(要はライスプディング)
えっなんで?
モチも米じゃん!
!?
モチはあんこスープに入れて食べるじゃん!!
ウッ
そっ…それはそれなんだよ
反論できていない
モチ×あんこスープ＝ぜんざいのこと
てかバニラっぽい味がダメなのかも…
昔からオエッとなる
あっでもたとえば
「ダンプフヌーデル」はどう!?
バニラアイスもダメ…
「ダンプフヌーデル」とは
ぽみ〜ん
小麦粉とイーストの発酵生地を蒸し焼きにしたもので
牛乳で煮て
プクー
トロ〜リ
バニラソースやケシの実などをかけて食べたりする

これは ふわっふわで 超おいしいから 食べてみて！
シナモンも かけてみたよ!!
どれ
ぱく
ぼへえ…
あかん…
ウソ!?
ガーン
こりゃ アレだ
甘く煮た 豚まんの 皮……
てかこの生地は ほぼ豚まんなんだ から
※中にジャムが入ってるものもあるので注意
ジュー
余った ギョウザの具
肉とか挟めば おいしいん じゃない？
ほら!!
辛子つけたら 豚まん味だよ!!
発見!!
手軽に 豚まん 作れるじゃん!!
ホントだ うまっ
でももっと ジューシーさが ほしいな
肉の 加熱方法を 変えるか…
ぶたまん 大っっ好き
ふーむ
なんか変な スイッチを 入れてしまった …
そんな夫の 最近の悩み
そうめんを 家で作れない だろうか……
手延べ？
和食への情熱は とどまるところを しらない

最近気付いたこと
ざざー…
どうせ私しか
おフロつから
ないなら
お湯張るより
2〜3分だけ
熱めのシャワー浴びりゃ
あったまるし安上がり
じゃない…？
滝行…
どんどん
フロへの
執着が0《ゼロ》に

換気

家の気密性が高いドイツで重要なこと
部屋の換気
ちなみにドイツの一般的な窓は
ドアノブを縦にして引けば上部が開き
横にして引けばサイドが開く
「ドレーキップ窓」
雪の日でも朝晩換気する夫
夫
新鮮な空気だよ〜
びゃあおお
ふざけんな
寒い
全開にせずにちょこっと縦に開けたらよくない!?
ちょこっと
こう!!
それじゃ換気にならないよ
ただ寒いだけ
どうせ寒さに耐えるなら全力で空気を入れ替えないと!!
ばいーん
ばいーん
あらゆる窓を開けはじめる夫
OH…
凍死…
強力な全館集中暖房《セントラルヒーティング》あってこその大胆(?)換気術です

日本からのお土産

ハンブルクにいた頃は
家から30分以内にアジア食材店がいくつかありましたが
Asiamarkt
べんり
今の我が家の周りは皆無
日本食材店の通販を主に使ってます
送料はかかるけどべんり
(一定額以上で送料タダになることも)
アサヒビール買ってアサヒ
PC
まあ市街地のスーパーにはアジア食品コーナーもあるのですが
しょうゆちっさい
少なくて高い…
ま〜日常的に使う人少ないし…
特に買いづらいのが
嗜好品
お茶漬けの素
漬物
たくあん
スナック
かっぱえびせ
日本食材店にあるにはあるものの高いので
カレールー
180g 6€
…なくても死なない…
クリックできねえ
必需品以外は諦めがち
そんなある日日本から友人がやってきた
大阪の大学時代の友達
お土産色々持ってきたでー
どっさり

えぇっ こんなに!?
ありがとー
まずは頼まれてたモチ
切り餅
ここからは私らの独断でバーモントカレー
当然辛口や
バーモント
わらび餅粉に黒豆きな粉
黒豆きなこ
わらびもち
百均の便利グッズに
粉をまんべんなくふりかけられる
カワイイジップロック
季節限定
栗
駄菓子と季節限定のお菓子やで
ヨーグレット
ドロップス
食器セットも… その他も色々
……神――……!?
感動のあまり言葉が出ない
あとコレ……
スッ
うちの地元で買ってんけど
さぬきうどんつゆ付き
香川出身
5食分
ありがとうございます
五体投地
うどんっ…このコシがっ…恋しくて…細いのしか売ってなくてっ……!!
むしろ自分で打ったりしてて…っ
ガチで半泣きやん
二人からでーす
犬
あっ!あとはこれダンナさんに

てかなんで皆こんな私の欲しいもの知ってんの?

そして
ドイツ生活
3年目の秋
2年半ぶりに
日本へ帰ることに
なった
皆にお土産を
買いまくらねば
なるまい!!
でも…
何買う?
ソーセージは
検疫がなぁ
ビールも日本には
2リットルまでしか
持ち込めないし
うーん
うーん
うーん
チョコレート
かな…?
まぁおいしいやつは
スイスとかベルギー産
だったりするけど…
あっ
オーガニック
コスメ!!
ドイツ有名だし
喜ばれるんじゃない!?
はっ!!
おお
なるほど!
スーパーにて
私
オーガニック
コスメの知識
ゼロやった…
撃沈
日本の友人に
聞いたら
スーパーで
売ってる
現地のお菓子
とかがいい
ほーん
…と
言われたので
結局ハリボーを
山のように
買いました
困った時の
ハリボーやな
固めのグミ
日本にはない
種類のを
食ってる→
HARIBO
おいしい
しね!!

その他ドイツ土産色々
気付けば食べものばかり
コーヒー
意外と知られていないドイツのコーヒー。おいしいです
Dallmayr prodomo
ミュンヘンのダルマイヤー推し
アルコール類（ビール以外）
ワイン
実はビールと同じくらいワイン生産でも名高いドイツ。安くておいしいワインが沢山。
シュナップス
蒸留酒。スーパーなどで小さい飲みきりサイズが買える
手のひらサイズ
リンゴ
フレーバーティー
日本では見かけない変わり種が大量にスーパーに並んでいます
ザクロ&はちみつ
レモン&緑茶
わりとイケる
クノール
日本でも有名なインスタント食品の素。ドイツ発で、ドイツ料理と合うソースの素などなかなか使いやすい。
ペッパーソース
じゃがいも団子にも合う
白アスパラのクリームスープ
etc.
マジパン菓子
ドイツの柔らかく香ばしいマジパンは本当に美味しい。でも日本人には好き嫌いが分かれやすいようなので注意。私は好き
色んな形に成形してたり
チョコの中身としてもメジャー
クリスマス菓子
ベーカリーで本格的なのを買うもよし、スーパーで手軽に揃えるのもよし。スーパーでは9月の終わり頃からすでに売られていることも。
シュトレン
アーモンドチョコ
レープクーヘン

にほんごで あやそう

最近 ドイツの姪っ子が 人見知りをする
ほにゃ〜〜
あっユキ 「キツネさん」 やって!
おう!
夫の兄夫婦
※日本語
こんにちは〜 キツネさんだよ〜 (裏声)
じり… じり…
※日本語
おっ? こんなとこに 美味しそうな子が いるなあ〜?
!?
ぱく
ぽみ
わ〜 笑った〜
Paku!!
アッハッハッハッ
ニヘー
キツネさんというか 「ぱく」の語感で 皆にウケる必殺技です

近頃 慣れて よじ登りに くるように なった
ぎゅむ ぎゅむ
フウ フウ
幸せ

日本一時帰国

2017年秋 ドイツ移住後初めて日本に一時帰国した
フライト中メガネ
関 KANKU 空
はーヤレヤレ
ヨロヨロ
実に2年半ぶりである
日本の親に会うのも2年半ぶり
あっ二人とも!!
はっ
空港にて
母
おーかーさーん!!
あっお母さ…
どどどど
ぱっかーーん
ばき
がしっ
母との再会の衝撃で眼鏡が割れる
うそお…
このあと新しいの買いました
かんからかーーん…
実は今回の帰国には大きな目的があった
スッ…
やることリスト

それは
結婚式!!
大体手続き終わらしといたから
本っっ当にありがとう〜〜〜
資料
帰れない私達のかわりにほとんどの準備やってくれた母
実はもともと式は日本でやるつもりで
ドイツでは軽く結婚手続きするだけの予定だったのですが
二年半前の私たち
ドイツの家族だけで軽くでいーよね
まあ一応ラフになりすぎないかんじで
役所での結婚が思いのほかフォーマルな雰囲気になり
ドイツでは役所で結婚式的なセレモニーをするのも一般的
ドイツの家族
指輪の交換を
バラの花びらが散らしてある
そのあと当時のお隣さんにもお祝いしてもらったりしたため
※「とつげきドイツぐらし!」参照
なんかもう式は全部終わった気になって
日本での式がまだできていなかったのだ
日本で式やるから〜
…といいつつ2年半……
ごめん両親
原稿
そのあとマンガ家デビューしたりでバタバタしてるうちに……
披露宴はナシで家族だけの式+食事だけにしよう
ドイツに住みながら大変な準備はムリ…
日本行くなら和装でやりたいな!!
せっかくだし!
和装か…うーん
一般的ではないが
神前式……?

というわけで式は地元・奈良のなじみある神社
世界遺産
春日大社でやることに
ぴっちり
高校時代ここでお正月に巫女さんのお仕事をしたことが（3日だけ…）
鹿
先輩に誘われて
当日は白無垢
ぐらぐら
中身
カツラ
頭が重い
ちなみに夫は
結婚式のためにやせる!!
…と張り切ってましたが
ゴオオ
袴の着付けにて
お腹周りタオル入れますねー
かっぷく良く見せないとですからー
えっ
ガーン
ぎゅっ
ぎゅっ
そういやそうやった……
その努力が無駄だったと悟ったという……
式の前には巫女さんからの説明が
玉串をこのように捧げて……
…というお式次第をご家族に訳していただいても……？
そ…そうだった——!!
なんて？
えーと
せ…聖なる葉っぱを…捧げます……
ドイツ人家族
意図せず中二病な説明に

雅楽が流れる中
式は本殿で行われ
ほ本殿…
はじめて入る
ドキドキ
♪
プァー…
厳かにとどこおりなく進んでいく
三三九度
ご着席ください
……んっ……
ぐっ…ふ
ごくり…
夫…明らかに三三九度でむせている
ごふっ
んんっ
夫は緊張のあまり咳を我慢して泣いていた
フゥーー…
まさかむせて泣くとは……
…
はーい
では撮りまーす
パシャッ
鹿せんべい
鹿こわい
「ザ・奈良」な写真も撮っていただく

結婚式というとこういうのを想像してましたが
両親の涙
結婚自体は2年半前にしてるのもあってただただ明るい結婚式でした
カラッ
感動したー
おめでとー
大学生の弟
純粋に楽しかったわ
そりゃ何より
さーて残りの日本滞在色んなトコ行って色んな人に会うぞ!!
色んなもの食べるぞ
——と予定を入れまくっていたものの
仕事
ごめん連載の〆切がマジでやばい
一人で行ってきて
ぐらぐら
え…
発熱
うーんうーん
日本の家は寒い…
ムチャな予定立てるから～
……で予定の6割ほどしか回れなかった私たちでした

日本滞在おまけ

はじめて東京のKADOKAWA本社にもお邪魔した
ぜんぶ本社ビル
でかすぎて何が何やらわからない…
担当さんとも初対面
原稿もネームも遅くて申し訳ないホント心底土下座
はじめましてー
?
お世話になっておりやす……
担
旦那さんも東京来てるんですか?
よければ夫もごあいさつでも
あっハイ今日は別行動なんですけど
今どこにいるかきいてみますね
担
もしもし今ドコ…
えっ富士山?
ここまで3時間かかる?
それもう東京じゃないし
担
行動力が読めない夫
帰国して久々に思い出したこと
満員電車の過酷さ
ぎゅう
うぷ
ぎゅう
人の流れの速さ
人をよける能力が身についている
ドン
身についていない
夫
ササササササ
刺身が安くてうまい
じ〜〜…ん
薄切り肉がうまい
てかドイツにない薄切り肉がこんな豊富に
日本の思い出の8割方が食べ物です
ズラッ

ドイツ再び

私がドイツに来た理由はいわば「なりゆき」だった
結婚相手がたまたまドイツ人だった…だけ
私はどこでも仕事できるしドイツ行くわ
ありがとう
原稿
ドイツは好きだが元々特別な思い入れがあったわけでもなく
ドイツ?「トーマの心臓」の舞台ですよね
で偏った知識
普段はずっと家で仕事してるので
正直どこに住んでんだか
ぜぇ
ぜぇ
日本時間の夜9時には送りますっ
仕事風景
ドイツはまだ昼
が今回日本から帰ってきた時
日本が恋しい
しくしく
楽しかったねえ
次はもっと早く帰ろう
バターン
モー…
ガチャッ
ただいまー

…あー
ドイツに帰ってきた――――!!
ホッ
…とあまりにも気が抜けて自分でも驚いた
??
日本でも十分気は抜けてたはずなんだけどな…
なぜ?
トランク片付け
いつの間にかこっちが「日常」になってたんだなー
アルプス久しぶり
私は思ってたよりずっとドイツでの生活が好きになってたようだ
問題はこの人
うう日本に帰りたい…仕事に行きたくない…
しくしく
半分現実逃避……
あっでも俺自分用にお土産いっぱい買ったんだった!!
ぱあっ
楽しみの自給自足
へー
いつのまに
ほら見て
大福用のもち粉!!
バーン
もちとり粉
もちとり粉

………
これはただのコーンスターチですね……
もちのひっつき防止の……
ウソッ
ガーン
もちとり
「もち」しか見てなかったらしい
俺はもうダメだ
りょ料理に使えるから…
撃沈
↑なぐさめになってない
数週間ぶりのドイツで改めて驚いたこと
気をとり直して買い物に行くぞ
ブーン
店員さんの機嫌の不安定さ
ドンッ
「ありがとう」も言わない
パン
隣の店員さんはやさしそうなのに
なぜかこっちが怒られてる気分に
冬の寒さ
※地元 奈良比
ひー雪が降り出した
11月
「言葉の壁」の不自由さ
ペラペ～ラ
(方言)
エ?
??
あー日本なら何でもできるのに～
POST

そして
時間の流れの
ゆったりさ
しん
しん
しん…
……
……
ほげー……
不便も
あるけど
今の方が
ずっとドイツを
身近に
感じるなあ
もっとドイツに
馴染めるように
改めて
頑張ろう……
ピコーン♪
!
ブブーッ
担さん
KADOKAWA担当です
原稿の進捗
どうですか？
今後のスケジュール
ご確認ください↓
びくぅ
すっっ
すみません
今やるトコです
今
どんどん
「新しいドイツ」を
発見する日々
まだまだ
ドイツぐらし
初心者マークは
取れそうにありません
そして日常へ
ゆったりしてる
バーイと
ちゃう
ぞえ
ドババババ

おわり

あとがき

海外に住んでいる、と言うと、

「何か壮大な目的があって日本を出たのか」と聞かれることがあります。

「日本に不満があったの？」とか。

私の場合、そのどちらでもありません。

結婚で、大阪の人が北海道に引っ越すように、

東京の人が博多に引っ越すように（よくわからない例えだ）、

たまたま縁があってドイツに引っ越しただけ。

ドイツのことも大して知らずに来たので、もちろん不便はありますが、

ドイツに特別なイメージを抱いていたわけじゃないからこそ、

どんなことにも「まあ、こんなもんか」と

気楽に構えていられるのかもしれません。

私のポヤーッとした日常を、

「こんなふうに海外で暮らしてる人もいるのね」と

笑って眺めていただけると嬉しいです。

そして当然、私がこうして楽しくドイツで生きていけるのは、

夫やその家族が温かく支えてくれるからに他なりません。

周りに感謝しつつ、これからも日常の中に「新しいドイツ」を見つけて、

それをマンガにしていけたらいいなと思います。

最後になりましたが、本の出版に関わってくださった皆様、

時間がない中、マンガ内での名前の使用許可を下さった春日大社様、

ネームの遅い私を根気強く待ってくださった担当さん、

そして本を手に取ってくださった読者の皆様へ。

本当にありがとうございました！

2018.2. 白乃雪

ほのぼのドイツぐらし。

Daheim ist wo's heimelig ist.

〜国《こく》際《さい》結《けっ》婚《こん》3年《ねん》め、南《みなみ》ドイツの田舎《いなか》町《まち》で新《しん》生《せい》活《かつ》はじめました〜

2018年2月28日 初版発行

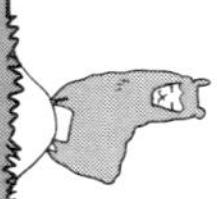

著者
白《しろ》乃《の》 雪《ゆき》

発行者
三坂泰二

発行
株式会社KADOKAWA
〒102-8177 東京都千代田区富士見2-13-3
電話：0570-002-301（ナビダイヤル）

印刷所
株式会社光邦

装丁
内古閑智之・吉原加恵
［CHProduction］

KADOKAWAカスタマーサポート
電話：0570-002-301（土日祝日を除く11時〜17時）
WEB・http://www.kadokawa.co.jp/
（「お問い合わせ」へお進みください）

※製造不良品につきましては上記窓口にて承ります。
※記述・収録内容を超えるご質問にはお答えできない場合があります。
※サポートは日本国内に限らせていただきます。
定価はカバーに表示してあります。

Yuki Shirono 2018 Printed in Japan
ISBN978-4-04-072626-7 C0095